DEIN COACH ZUM ERFOLG!

Dein ActiveBook auf My**STARK**:

Du kannst auf alle digitalen Inhalte (Prüfung 2022, Hördateien, interaktive Aufgaben, „MindCards“) online zugreifen. Registriere dich dazu unter **www.stark-verlag.de/mystark** mit deinem **persönlichen Zugangscode:**

C08850-000490

Die Inhalte dieser Auflage stehen bis Schuljahresende zur Verfügung.

My**STARK**

Das Active**Book** *bietet dir:*

- MP3-Dateien der Hörtexte
- Interaktive Aufgaben zu sprachlichen Grundlagen
- Web-App mit hilfreichen Wendungen

DEIN COACH ZUM ERFOLG!

So kannst du interaktiv lernen:

Interaktive Aufgaben

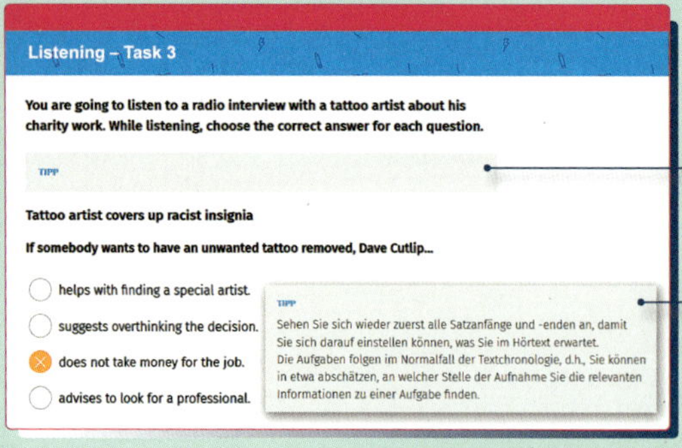

Tipps zur Bearbeitung der Aufgabe

Sofortige Ergebnisauswertung

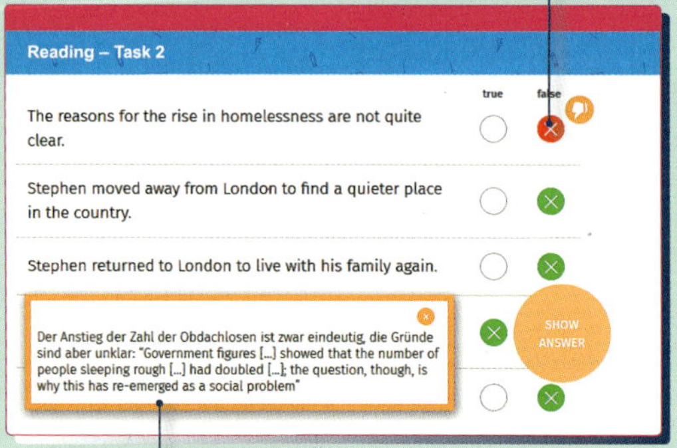

Mit Hinweisen bei falschen Antworten

Web-App „MindCards"

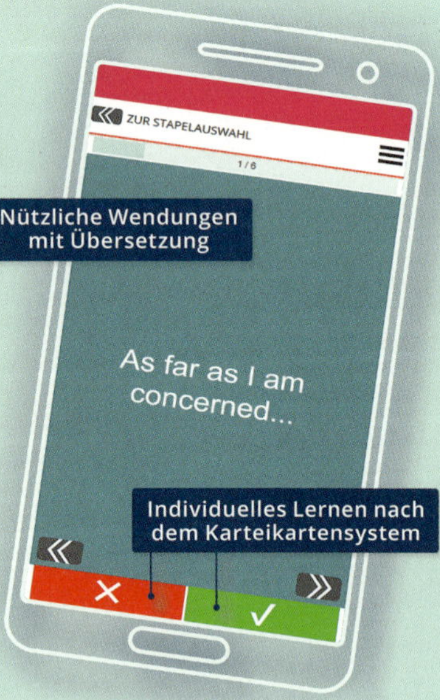

Nützliche Wendungen mit Übersetzung

Individuelles Lernen nach dem Karteikartensystem

Systemvoraussetzungen:
- Mindestens 1024×768 Pixel Bildschirmauflösung
- Chrome, Firefox oder ähnlicher Webbrowser
- Adobe Reader oder kompatibler anderer PDF-Reader
- Internetzugang

Speaking

Writing

STARK

2023

Berufliches Gymnasium

Original-Prüfungsaufgaben mit Lösungen

Baden-Württemberg

Englisch

STARK

19. ergänzte Auflage
www.stark-verlag.de

Inhaltsverzeichnis

Übungsaufgaben zum Hörverstehen

Übungsaufgaben zu Leseverstehen und Textproduktion

Original-Prüfungsaufgaben

Sobald die Original-Prüfungsaufgaben 2022 freigegeben sind, können sie als PDF auf der Plattform MyStark heruntergeladen werden (Zugangscode vgl. Farbseiten vorne im Buch).

Hördateien

Übungsaufgabe 1: *Renting a house or apartment*
Übungsaufgabe 2: *Floodings in the UK*
Übungsaufgabe 3: *Happiness by Design*
Übungsaufgabe 4: *Journalism and its Audiences*
Übungsaufgabe 5: *Protecting the climate*
Übungsaufgabe 6: *Robotics*
Übungsaufgabe 7: *Brooklyn Film School Located in Working Film Lot*
Übungsaufgabe 8: *Most Adolescents Do Not Exercise Enough to Stay Healthy*
Abiturprüfung 2021: *Listening Comprehension*
Abiturprüfung 2022: *Listening Comprehension*

Hinweis: Die **MP3-Dateien** finden Sie ebenfalls auf der Plattform **MyStark**.

Texte ÜA 1-Task 1 und ÜA 2-Task 1 + 4 gesprochen von: Eva Adelseck, Daniel Beaver, Clare Gnasmüller, Daniel Holzberg, Veronica Stivala

Aufgaben und Lösungen verfasst von:

Rainer Jacob: Übungsaufgaben zu Leseverstehen und Textproduktion
Lösungen zu den Original-Prüfungsaufgaben (*Reading* und *Writing*)

Dorothée Just: Übungsaufgaben zum Hörverstehen
Lösungen zu den Original-Prüfungsaufgaben *(Listening Comprehension)*

Vorwort

Liebe Abiturientinnen und Abiturienten,

dieser Band bereitet Sie optimal auf die **schriftliche Abiturprüfung** im Fach Englisch vor. Sie erhalten detaillierte Beschreibungen der Prüfungsziele sowie konkrete Lerntipps und sprachliche Hilfen für die effektive Vorbereitung. Damit Sie gut trainiert in Ihr Abitur gehen, stellen wir Ihnen zahlreiche **Übungsaufgaben im Stil der Prüfung** bereit. Anhand der **Übungsaufgaben zum Hörverstehen** und der Abiturprüfungen 2021 und 2022 können Sie sich außerdem auf den 2021 neu hinzugekommenen Hörverstehensteil vorbereiten. Die Übungsaufgaben umfassen Aufgabenformate und Textsorten, die Ihnen in der Prüfung begegnen können.

Auch wenn sich mit der Abiturprüfung 2019 das Aufgabenformat im Bereich „Leseverstehen" geändert hat und es mit der Prüfung 2021 eine Änderung bei der *Text-based composition* gab, bieten Ihnen die **Originalprüfungen** der vorangegangenen Jahre weiterhin die Möglichkeit, sich umfassend auf die Prüfung vorzubereiten.

Detaillierte **Hinweise** sowie im Teil „Textproduktion" ausführliche **Beispiellösungen** führen Sie an die erfolgreiche Bearbeitung der Aufgaben heran. Die Beispiellösungen sollen Ihnen als Anregung dienen und möglichst viele inhaltliche Aspekte sowie Formulierungsmöglichkeiten aufzeigen. Damit erhalten Sie die Sicherheit, die für eine erfolgreiche Prüfung nötig ist.

Auf die **digitalen Inhalte** zu diesem Band (Prüfung 2022 mit Lösungen, MP3-Dateien, ActiveBook und MindCards) können Sie online auf der Plattform **MyStark** zugreifen.

Sollten nach Erscheinen dieses Bandes noch wichtige Änderungen in der Abitur-Prüfung vom Kultusministerium bekannt gegeben werden, finden Sie aktuelle Informationen dazu ebenfalls auf der Plattform MyStark.

Viel Erfolg wünschen Ihnen

Rainer Jacob und Dorothée Just

Hinweise zu den digitalen Zusätzen

Auf alle digitalen Zusätze können Sie online über die Plattform **MyStark** zugreifen. Ihren persönlichen Zugangscode finden Sie auf den Farbseiten vorne im Buch.

PDF der Original-Prüfungsaufgaben 2022

Um Ihnen die Prüfung 2022 schnellstmöglich zur Verfügung stellen zu können, bringen wir sie in digitaler Form heraus. Sobald die Original-Prüfungsaufgaben 2022 zur Veröffentlichung freigegeben sind, können sie als PDF auf der Plattform MyStark heruntergeladen werden.

Hördateien

Über die Plattform MyStark können Sie sich außerdem die Hörverstehenstexte der Übungsaufgaben sowie der Abiturprüfungen ab 2021 anhören und zum Offline-Gebrauch herunterladen.

Interaktive Aufgaben – „ActiveBook“

Im **ActiveBook „Basic Language Skills“** erhalten Sie Zugriff auf zahlreiche **interaktive Aufgaben** zu Grundlagen wie **Hörverstehen**, **Leseverstehen** und **Sprachverwendung im Kontext**. Dies sind ganz wichtige „Basics“, die Sie für eine gute Sprachbeherrschung brauchen.

ActiveBook
Interaktives Training

Das ActiveBook „Basic Language Skills“ bietet Ihnen:

- „**Listening**“ – authentische Audiodateien mit vielfältigen Aufgaben, die Ihr Hörverstehen testen
- „**Reading**“ – abwechslungsreiche Lesetexte und dazugehörige Aufgaben

- „**English in Use**“ mit gemischten Aufgaben rund um den Gebrauch der englischen Sprache
- Alle Aufgaben sind interaktiv, d. h., Sie können sie direkt am PC bearbeiten und erhalten sofort eine Rückmeldung zu Ihren Antworten.

Web-App „MindCards“

Mit der Web-App „**MindCards**“ können Sie am Smartphone Vokabeln lernen. Auf diesen interaktiven Karteikarten finden Sie hilfreiche Wendungen, die Sie beim Schreiben von Texten oder im mündlichen Sprachgebrauch einsetzen können.
Scannen Sie einfach die QR-Codes oder verwenden Sie folgende Links, um zu den „MindCards“ zu gelangen:
https://www.stark-verlag.de/mindcards/writing-2
https://www.stark-verlag.de/mindcards/speaking-2

Writing

Speaking

HINWEISE UND TIPPS

Hinweise und Tipps zur Abiturprüfung

1 Struktur der schriftlichen Abiturprüfung

Die schriftliche Abiturprüfung im Fach Englisch besteht aus zwei Teilen: **Teil A ist der schriftliche** und **Teil B, die sog. Kommunikationsprüfung, der mündliche Teil**. Die Arbeitszeit für den schriftlichen Teil beträgt 240 Minuten, und es können insgesamt 60 Verrechnungspunkte erreicht werden. Als Hilfsmittel steht Ihnen ein einsprachiges Wörterbuch zur Verfügung. Damit Sie von dieser Möglichkeit sinnvoll Gebrauch machen können, ist es nötig, dass Sie sich mit dem an Ihrer Schule zugelassenen Lexikon vertraut machen und die Verwendung einüben.
Der Aufgabenapparat der schriftlichen Prüfung Teil A ist folgendermaßen gegliedert:

- Hörverstehen *(Listening Comprehension)*
- Leseverstehen *(Reception – Reading)*
- Textproduktion *(Production – Writing)*

Teil A: Hörverstehen *(Listening Comprehension)*

Seit der Abiturprüfung 2021 ist das Hörverstehen Teil der schriftlichen Prüfung. Die zentral gestellte Klassenarbeit zum Hörverstehen, die nicht Teil der schriftlichen Abiturprüfung ist, bleibt jedoch weiter bestehen. Sie wird ein paar Monate vor der Prüfung geschrieben und wie eine Klassenarbeit gewertet.
Bei den Hörtexten in der schriftlichen Prüfung handelt es sich um authentische Texte, die von Muttersprachlern gesprochen werden. Die Texte werden immer zweimal vorgespielt. Es kann sich dabei z. B. um Podcasts, Interviews oder Radioreportagen handeln. Anhand der dazugehörigen Aufgaben wird geprüft, ob Sie die Hauptaussagen eines Hörtextes verstehen (globales Hören – *listening for the gist*) oder die Detailaussagen (selektives Hören – *listening for detail*), aber auch, ob Sie die implizite Bedeutung eines Textes erschließen können (inferierendes Hören – *infer meaning*).

Teil A: Leseverstehen *(Reception – Reading)*

Grundlage der Prüfung ist ein längerer englischer Sachtext von meist 700 bis 800 Wörtern, an den sich die Aufgabenteile „Leseverstehen“ und „Textproduktion“ anschließen. Mit den Aufgaben werden die Anforderungsbereiche abgedeckt, die in den Prüfungsvorschriften definiert wurden, nämlich Textverstehen, Reorganisation und Wertung.
Im Aufgabenfokus „Leseverstehen“ wird überprüft, ob Sie den Inhalt eines längeren authentischen Sachtextes verstanden haben. Die Aufgabenstellung zielt allein auf das Textverständnis ab, daher werden Aufgaben vorgelegt, die keine eigene Textproduktion auf Englisch erfordern.
Es werden Ihnen dabei zehn Aussagen auf Englisch vorgegeben, die Sie daraufhin bewerten sollen, ob sie mit dem Text übereinstimmen oder nicht, bzw. richtig oder falsch sind. Ihre Entscheidung sollen Sie mit einem Zitat aus dem Text inklusive Zeilenangabe belegen.

Teil A: Textproduktion *(Production – Writing)*

Im Aufgabenfokus Textproduktion, der zwei Aufgaben umfasst, müssen Sie nun selbst englische Texte verfassen. Der Teil ***Text-based composition*** steht in einem inhaltlichen Zusammenhang mit dem Haupttext. Hier erfolgt eine Textanalyse ausgehend von einem Textzitat. Der Teil ***Composition*** besteht aus zwei Aufgaben, von denen Sie eine auswählen müssen. Hier sollen Sie zu einem Thema Stellung beziehen und auch eine Wertung vornehmen.
Thematisch beziehen sich die Aufgaben auf die Lehrplaneinheiten Landeskunde und Arbeitswelt. Zu den wichtigsten Themen gehören unter anderem:

- Aktuelle Politik im Vereinigten Königreich; die Entwicklung von einer Kolonialmacht zum (ehemaligen) Mitglied der EU (Empire, Commonwealth, Europäische Union, Brexit)
- Soziale Schichten und Minderheiten (z. B. *multicultural society*, *Hispanics*, Einwanderer aus dem Commonwealth)
- Die Entwicklung der USA von einer Kolonie zur Weltmacht (Besiedlung und Entstehung)
- Aktuelle Politik in den USA (politische, wirtschaftliche, militärische Rolle der USA in der modernen Welt; Rolle in Konfliktsituationen; innenpolitische Konflikte)
- Industriegesellschaft und Umwelt (z. B. Vor- und Nachteile moderner Produktionsmethoden in Industrie und Landwirtschaft, umweltbewusstes Verhalten, Energie- und Rohstoffbedarf, herkömmliche und alternative Energiegewinnung)
- Möglichkeiten und Risiken naturwissenschaftlicher und technischer Entwicklungen
- Der Mensch als Verbraucher und Arbeitnehmer in der Industriegesellschaft (z. B. Werbung, Verbraucherverhalten, Auswirkungen technischer Entwicklungen auf den Menschen, geschlechtsspezifische Probleme in der Arbeitswelt)

Zur intensiven Vorbereitung auf diese Themenbereiche können Sie die ausführlichen Darstellungen in den Abitur-Wissensbänden Landeskunde USA (Best.-Nr. 94463) und Landeskunde GB (Best.-Nr. 94461) nutzen. Zur Erweiterung und Festigung des themenspezifischen Wortschatzes eignet sich der Band „Englisch-KOMPAKT Wortschatz Oberstufe“ (Best.-Nr. 90462D).

Teil B: Kommunikationsprüfung

Der zweite Teil der Abiturprüfung im Fach Englisch ist eine mündliche Prüfung, die sog. **Kommunikationsprüfung**, die als Einzelprüfung oder Zweierprüfung (Tandemprüfung) abgenommen werden kann. Sie findet im 4. Schuljahr statt und muss vor Bekanntgabe der Ergebnisse der schriftlichen Prüfung abgeschlossen sein. Zur Vorbereitung erhalten Sie Material, das als Grundlage für die Prüfung dient, z. B. einen Kurztext oder ein Zitat, eine Karikatur, eine Statistik oder ein Foto. Auch andere visuelle oder auditive Materialien sind denkbar. In der Vorbereitungszeit für die Einzel- sowie die Tandemprüfung wird nur für den monologischen Teil Material bereitgestellt (in der Tandemprüfung jeweils unterschiedliches Material). Thematisch beziehen sich die Materialien auf den Lehrplan der Jahrgangsstufen 1 und 2. In der Vorbereitungsphase können Sie ein einsprachiges Wörterbuch verwenden.
Die Prüfung besteht aus zwei Teilen. Im ersten sollen Sie sich ungefähr fünf Minuten lang über das Material, das Sie zur Vorbereitung bekommen haben, frei äußern. Dieses monologische Sprechen fällt nicht immer leicht, wenn man es nicht gewohnt ist. Daher empfiehlt es sich, die freie Rede vorher öfter zu üben, da hierfür im Unterricht nicht immer genügend Zeit zur Verfügung steht. Vor allem sollten Sie sich davon lösen, auf eine Reaktion oder eine Frage, in diesem Fall der prüfenden Lehrkraft, zu warten.
An den ersten Teil schließt sich die zweite Sequenz an, das sog. dialogische Sprechen. Sie sprechen mit der Lehrkraft (bei der Tandemprüfung zusätzlich mit Ihrem Mitschüler oder Ihrer Mitschülerin) über den Sachverhalt, den die Materialien zum Thema hatten. Insgesamt dauert die Kommunikationsprüfung ungefähr 15 Minuten. Wenn Sie sich zu zweit prüfen lassen, sind 30 Minuten Prüfungszeit vorgesehen.

Eine Vielzahl von hilfreichen Wendungen zum Bereich „Sprechen“ enthalten übrigens unsere MindCards, auf die Sie u. a. über nebenstehenden QR-Code Zugriff haben.

2 Bewertung

In der schriftlichen Prüfung können **60 Punkte** erreicht werden, davon im Aufgabenteil **Hörverstehen** und **Leseverstehen jeweils 10 Punkte** und **40 Punkte** im Aufgabenteil **Textproduktion**. Sie sehen an dieser Verteilung, wo der Schwerpunkt liegt und wo besonders sorgfältiges Arbeiten erforderlich ist.
Die 40 Punkte für die Textproduktion unterteilen sich in 15 Punkte für die *Text-based composition* (davon 6 Punkte für den Inhalt und 9 Punkte für die Sprache) sowie 25 Punkte für die *Composition* (Inhalt: 10 Punkte, Sprache: 15 Punkte). Achten Sie vor

allem auf Ihre sprachliche Leistung, da Sie hier die meisten Punkte erreichen und damit eine gute Note erzielen können. Es ist also besonders wichtig, dass Sie Ihre Aufmerksamkeit nicht nur auf den inhaltlichen Bereich beschränken, sondern Ihren Text auch noch einmal auf seine sprachliche Qualität durchsehen.
Inhaltliche und sprachliche Leistung werden „ganzheitlich" bewertet. Das bedeutet, dass ähnlich wie bei einem Deutschaufsatz Ihre Lösung als Gesamtheit gesehen, nach bestimmten Kriterien beurteilt und dann mit einer entsprechenden Punktzahl bewertet wird. Damit Sie möglichst viele Verrechnungspunkte erreichen, sollten Sie darauf achten, dass Ihre Lösung inhaltlich vollständig sowie klar gegliedert und schlüssig ist. Verwenden Sie aber nicht zu viel Zeit auf die inhaltliche Ausgestaltung Ihrer Antworten. Beschränken Sie sich auf das Wesentliche und teilen Sie Ihre Arbeitszeit so ein, dass Sie ausreichend Zeit für die Strukturierung (Einleitung, Hauptteil, Schluss, Anordnung der Argumente) und Formulierung (Satzbau, Wortschatz) zur Verfügung haben.

Bei den Bildungsstandards der Oberstufe unterscheidet man folgende drei Anforderungsbereiche:

- Der Bereich I umfasst Aufgabenstellungen, mit denen das Textverstehen überprüft wird,
- der Bereich II verlangt eine weitergehende Analyse und
- der Bereich III schließlich fordert eine Wertung der angesprochenen Thematik.

In der schriftlichen Abiturprüfung werden die Bereiche I und II im Hör- und Leseverstehen sowie in der *Text-based composition* abgedeckt. Der Teil *Composition* entspricht dem Anforderungsbereich III.

Hörverstehen *(Listening Comprehension)*

Die Aufgabenformate zum Hörverstehen können geschlossen (z. B. *Multiple Matching*, *Multiple Choice*) oder auch halboffen sein (z. B. *Completion tasks*, Kurzantworten, Satzergänzungen). Innerhalb eines Aufgabenteils kann es auch zum Wechsel zwischen den Aufgabenformaten kommen.
Bei den ***Multiple matching*-Aufgaben** müssen Sie Aussagen aus dem Hörtext z. B. bestimmten Personen, die im Text vorkommen, zuordnen. Beachten Sie, dass manchmal mehr Aussagen vorgegeben sind als nötig.
Bei den ***Multiple choice*-Aufgaben** sollen Sie die richtige Lösung aus mehreren vorgegebenen Möglichkeiten auswählen. Hier kann es sein, dass auch mehr als eine Antwortmöglichkeit richtig ist. Damit die Aufgabe als richtig gelöst gilt, müssen alle korrekten Alternativen angekreuzt sein.
Aufgabentypen wie **Kurzantworten** und **Satzergänzungen** sind halboffene Formate, bei denen Sie die Lösungen in Stichpunkten notieren sollen. Rechtschreib- und Grammatikfehler werden dabei nicht gewertet, sie dürfen jedoch den Sinn nicht entstellen.
Am besten bereiten Sie sich auf den Teil „Hörverstehen“ vor, indem Sie viel auf Englisch hören bzw. sich ansehen. Versuchen Sie, Filme oder Serien im englischen Original anzuschauen – als Hilfe können Sie anfangs auch die deutschen oder englischen Untertitel einstellen. Hören Sie auch Podcasts und Nachrichten online auf Englisch, z. B. von der BBC oder von VoA (Voice of America). Auch das Anhören englischsprachiger Songs hilft, das Hörverstehen zu schulen. Versuchen Sie, den Inhalt zu verstehen, indem Sie den Text in Stichworten mitschreiben oder Wordwebs anlegen. Dabei können Sie gleichzeitig Ihren Wortschatz erweitern und z. B. Synonyme und Antonyme sammeln und lernen.
Mithilfe der interaktiven Hörverstehensaufgaben im ActiveBook, die in diesem Buch enthalten sind, können Sie Ihr Hörverstehen ebenfalls trainieren.

Leseverstehen *(Reception – Reading)*

Die Aufgabenstellung in diesem Teil überprüft, ob Sie einen Text verstanden haben. Sie brauchen hier keinen eigenen englischen Text verfassen. Vielmehr müssen Sie entscheiden, ob auf Englisch vorgegebene Aussagen im Bezug zum Text richtig oder falsch sind. Ihre Entscheidung sollen Sie dann mit Zitaten aus dem Text belegen (mit Zeilenangabe). In der Regel erscheinen die Aussagen in der Reihenfolge, wie sie auch im Text vorkommen. Zudem können Sie davon ausgehen, dass alle Aussagen sich allein aus dem Text beantworten lassen, dass sie also nicht darüber hinausgehen.

Beispiel:

Read the ten statements and say whether they are true or false. Give quotations from the text to support your decision and also add the corresponding line number(s).

Es folgt eine Anzahl von Aussagen zum Text auf Englisch, zum Beispiel:

In most European countries the chances for young job seekers have improved.

Lesen Sie die Aussagen genau durch, damit Sie nicht von Anfang an in eine falsche Richtung arbeiten. Oft sind die Aussagen so formuliert, dass die Antwort auf den ersten Blick auf der Hand zu liegen scheint, doch bei näherem Hinsehen stimmt ein kleines, aber wichtiges Detail nicht mit dem Text überein.
Entscheiden Sie zuerst, ob die Aussage richtig *(true)* oder falsch *(false)* ist. Dann belegen Sie Ihre Entscheidung mit dem entsprechenden Zitat aus dem Text, wobei Sie auf jeden Fall die Zeilen angeben. Bei der Angabe des Zitats ist es ausreichend, nur die Stellen aufzuführen, die Ihre Entscheidung (*true* oder *false*) belegen.

Textproduktion *(Production – Writing)*

Hier geht es darum, eigene englische Texte zu verfassen. Dieser Bereich umfasst zwei unterschiedliche Aufgaben, die jeweils einen der oben genannten Anforderungsbereiche abdecken.

Text-based composition

Die Aufgabenstellung nimmt thematisch Bezug auf den Sachtext im Teil „Leseverstehen", aus dem Ihnen ein Zitat vorgelegt wird. Ihre Aufgabe ist es nun, den im Zitat angesprochenen Sachverhalt im Rahmen des Textes zu erläutern. Anschließend sollen Sie Teilaspekte oder die Hauptaussagen des Textes zusammenfassen, beschreiben, vergleichen oder analysieren. Die Arbeitsanweisung lautet dementsprechend zum Beispiel *Explain …* bzw. *Examine … and summarise/sum up/describe/compare/analyse …* Bei der Zusammenfassung sollen Sie den Textbezug durch inhaltliche Umschreibungen und gekennzeichnete Zitate aus dem Text (mit Zeilenangabe) erkennbar machen.

Beispiel:

Zitat aus dem Text:
"The 'digital revolution' has changed and will change our lives in profound ways."

Aufgabenstellung: *Explain the quotation in relation to the text and then summarise further consequences of digitisation mentioned by the author.*

Composition

Hier geht es um Kommentierung und Wertung. In der Formulierung der Aufgabenstellung wird dies deutlich: *Discuss ..., Comment ..., Evaluate ...*, etc. Es werden Ihnen dabei zwei Themen zur Auswahl gestellt, die sich auch auf ein anderes Lehrplanthema beziehen können als der Teil *Text-based composition*.
Überlegen Sie sorgfältig, welche der beiden Alternativen Sie in Angriff nehmen wollen. Entscheidend ist, dass Sie sich klarmachen, in welchem der jeweiligen Themengebiete Sie sich besser auskennen. Versuchen Sie sich an Texte zu erinnern, die Sie aus diesem Bereich im Unterricht behandelt haben. Gehen Sie vor der Prüfung auch die einzelnen Themenbereiche des Lehrplans durch. Ihre Lösung soll jedoch nicht nur inhaltlich überzeugen – die sprachliche Realisierung ist, wie aus der zu erreichenden Punktzahl hervorgeht, noch wichtiger. Beweisen Sie, dass Sie über die sprachlichen Mittel verfügen, einen Sachverhalt sinnvoll darzustellen bzw. eine Meinung überzeugend zu vertreten. Sie müssen daher nicht nur auf den Inhalt Ihrer Lösung achten, sondern auch dem sinnvollen Aufbau und der sprachlichen Formulierung Beachtung schenken. Ob Sie sich angemessen und differenziert ausdrücken können, fällt hier besonders ins Gewicht. Reaktivieren Sie den Wortschatz, der zum Thema gehört, und zeigen Sie bei Ihrer Wortwahl, dass Sie das relevante Vokabular gebrauchen können. In diesem Zusammenhang sollten Sie das Wörterbuch, das Ihnen über die gesamte Prüfungszeit zur Verfügung steht, sinnvoll nutzen. Ebenfalls stark ins Gewicht fällt, inwiefern es Ihnen gelingt, eine zusammenhängende Darstellung zu verfassen. Dazu müssen Sie die entsprechenden Verknüpfungen *(connectives, linkage words)* zwischen Satzteilen und Sätzen angemessen einsetzen.

Textproduktion: Hinweise und Tipps zu Inhalt und Sprache

Allgemeine Tipps

- nicht einseitig auf inhaltliche Aspekte konzentrieren
- klare, einfache (nicht „simple“) Sätze formulieren
- Wiederholungen sowohl inhaltlich als auch sprachlich vermeiden: Synonyme oder Umschreibungen verwenden
- Bezüge deutlich machen (wer ist „it“, „they“?)
- „etc.“, „and so on“ vermeiden
- Satzverknüpfungen *(linkage words, connectives)* verwenden, um die Einzelsätze miteinander zu verbinden
- Zeit gut einteilen, um eigene Formulierungen mehrmals überprüfen zu können

Beispiele für Satzverknüpfungen *(connectives, linkage words)*

Aussageabsicht	Satzverknüpfung
einen Gedanken hinzufügen:	*in addition, further, furthermore, also, besides, in the same way*
das Gegenteil ausdrücken:	*yet, however, on the other hand, on the contrary, in contrast, in spite of*
einen Vergleich anstellen:	*similarly, in the same way, likewise*
eine Folgerung ausdrücken:	*consequently, therefore, as a result*
eine Einräumung ausdrücken:	*although, though, even if, after all, in any case*
eine zeitliche Verknüpfung herstellen:	*after, before, while, eventually, recently, lately, at last, in the end, in the past, when, as soon as*
eine Begründung anführen:	*therefore, that is why, for this reason, because, since*
eine Bedingung ausdrücken:	*if, unless, provided that, in case that*
ein Beispiel anführen:	*for example, for instance, in other words*
die Reihenfolge verdeutlichen:	*first, second, next, finally, in the end*
einen Gedanken neu formulieren:	*in other words, that means, that is, that is to say*
einen Gedankengang abschließen:	*in conclusion, in brief, in short, on the whole*

Weitere Beispiele für hilfreiche Wendungen

Aussageabsicht	Formulierung
Argumente ordnen:	*First of all/To begin with I would like to …* *Another (significant) reason/advantage/consequence is …* *This brings us to the question of whether …* *In addition/Moreover/Besides/Furthermore you cannot deny that …* *It is worth stating at this point that …* *But above all …*
die eigene Meinung ausdrücken:	*It seems to me … /It is been my experience …* *As far as I can see … /The way I see it … /My own view of that is …* *I am afraid the author is wrong in saying/claiming …* *I maintain that … /I am convinced that …* *In my opinion/To my mind you can say that/accept that …* *My main argument/my point is that …* *Surely/Obviously it is wrong to say that …*

auf die Gegenmeinung eingehen:	*All the same/Nevertheless it is wrong to say that …* *Contrary to public belief/the popular idea/notion …* *Despite all those arguments we still face the problem that …* *In contrast to/As opposed to … I think …* *It is true that … but it is definitely wrong to say that …* *We mustn't forget, however, that …*
eine logische Folgerung ziehen:	*All this shows it is unwise to assume that …* *From all this follows that …* *So/Therefore/That is why we can't assume that …*
einen Schluss formulieren:	*All in all, I therefore reject the view that …* *In sum/In brief I cannot accept the suggestion that …* *To conclude/In conclusion/As a result you can safely say that …* *Weighing the pros and cons one comes to the conclusion that …*

Viele weitere hilfreiche Wendungen zum Bereich „Writing" enthalten übrigens unsere MindCards, auf die Sie u. a. über nebenstehenden QR-Code Zugriff haben.

KURZGRAMMATIK

Kurzgrammatik

Besonderheiten einiger Wortarten

1 Adjektive und Adverbien – *Adjectives and Adverbs*

Bildung und Verwendung von Adverbien – *Formation and Use of Adverbs*

Bildung Adjektiv + *-ly*	glad → gladly
Ausnahmen: • *-y* am Wortende wird zu *-i*	easy → easily funny → funnily
• auf einen Konsonanten folgendes *-le* wird zu *-ly*	simple → simply probable → probably
• *-ic* am Wortende wird zu *-ically* Ausnahme:	fantastic → fantastically public → publicly

Beachte: • Unregelmäßig gebildet wird:	good → well
• Endet das Adjektiv auf *-ly*, so kann kein Adverb gebildet werden; man verwendet deshalb: *in a* + Adjektiv + *manner/way*	friendly → in a friendly manner
• In einigen Fällen haben Adjektiv und Adverb dieselbe Form, z. B.:	daily, early, fast, hard, long, low, weekly, yearly
• Manche Adjektive bilden zwei Adverbformen, die sich in der Bedeutung unterscheiden, z. B.:	

Adj./Adv.	**Adv. auf *-ly***
hard schwierig, hart	*hardly* kaum
late spät	*lately* neulich, kürzlich
near nahe	*nearly* beinahe

The task is hard. (adjective)
Die Aufgabe ist schwierig.
She works hard. (adverb)
Sie arbeitet hart.
She hardly works. (adverb)
Sie arbeitet kaum.

Verwendung
Adverbien bestimmen

• Verben,	She easily found her brother in the crowd. *Sie fand ihren Bruder leicht in der Menge.*
• Adjektive,	This band is extremely famous. *Diese Band ist sehr berühmt.*
• andere Adverbien oder	He walks extremely quickly. *Er geht äußerst schnell.*
• einen ganzen Satz näher.	Fortunately, nobody was hurt. *Glücklicherweise wurde niemand verletzt.*

Beachte:
Nach bestimmten Verben, die einen **Zustand** ausdrücken, steht nicht das Adverb, sondern das Adjektiv, z. B.:

to be	sein
to become	werden
to get	werden
to seem	scheinen
to stay	bleiben

Everything seems quiet.
Alles scheint ruhig zu sein.

Nach manchen Verben kann entweder ein Adjektiv oder ein Adverb folgen (z. B. nach *to feel, to look, to smell, to taste*). Mit Adverb beschreiben diese Verben eine **Tätigkeit**, mit Adjektiv eine **Eigenschaft** des Subjekts.

Harry looks happy! *(Eigenschaft)*
Harry sieht glücklich aus.
Harry looks happily at his cake. *(Tätigkeit)*
Harry schaut glücklich auf seinen Kuchen.

Steigerung des Adjektivs – *Comparison of Adjectives*

Bildung
Man unterscheidet:

• Grundform/Positiv *(positive)*	Peter is young.
• Komparativ *(comparative)*	Jane is younger.
• Superlativ *(superlative)*	Paul is the youngest.

Steigerung auf *-er, -est*	
• einsilbige Adjektive	old, older, oldest *alt, älter, am ältesten*
• zweisilbige Adjektive, die auf *-er, -le, -ow* oder *-y* enden	clever, cleverer, cleverest *klug, klüger, am klügsten* simple, simpler, simplest *einfach, einfacher, am einfachsten* narrow, narrower, narrowest *eng, enger, am engsten* funny, funnier, funniest *lustig, lustiger, am lustigsten*
Beachte:	
• stummes *-e* am Wortende entfällt	simple, simpler, simplest
• nach einem Konsonanten wird *-y* am Wortende zu *-i-*	funny, funnier, funniest
• nach betontem Vokal wird ein Konsonant am Wortende verdoppelt	fit, fitter, fittest

Steigerung mit *more …, most …*	
• zweisilbige Adjektive, die nicht auf *-er, -le, -ow* oder *-y* enden	useful, more useful, most useful *nützlich, nützlicher, am nützlichsten*
• Adjektive mit drei und mehr Silben	difficult, more difficult, most difficult *schwierig, schwieriger, am schwierigsten*

Unregelmäßige Steigerung	
Die unregelmäßig gesteigerten Adjektive muss man auswendig lernen. Besonders wichtig sind z. B.:	good, better, best *gut, besser, am besten* bad, worse, worst *schlecht, schlechter, am schlechtesten*

Steigerungsformen im Satz – *Sentences with Comparisons*

Es gibt folgende Möglichkeiten, Steigerungen im Satz zu verwenden:

- **Positiv:** Zwei oder mehr Personen oder Sachen sind **gleich oder ungleich:** *(not) as* + Grundform des Adjektivs + *as*

  Anne is as tall as John (and Steve).
  Anne ist genauso groß wie John (und Steve).

  John is not as tall as Steve.
  John ist nicht so groß wie Steve.

- **Komparativ:** Zwei oder mehr Personen/Sachen sind **verschieden** (größer/besser …): Komparativform des Adjektivs + *than*

  Steve is taller than Anne.
  Steve ist größer als Anne.

- **Superlativ:** Eine Person oder Sache wird besonders hervorgehoben (der/die/das größte/beste …): *the* + Superlativform des Adjektivs

  Steve is the tallest boy in class.
  Steve ist der größte Junge in der Klasse.

Steigerung des Adverbs – *Comparison of Adverbs*

Adverbien können wie Adjektive auch gesteigert werden.

- Adverbien auf *-ly* werden mit *more, most* bzw. mit *less, least* gesteigert.

  She talks more quickly than John.
  Sie spricht schneller als John.

- Adverbien, die dieselbe Form wie das Adjektiv haben, werden mit *-er, -est* gesteigert.

  fast – faster – fastest
  early – earlier – earliest

- Manche Adverbien haben unregelmäßige Steigerungsformen, z. B.:

  well – better – best
  badly – worse – worst
  little – less – least
  much – more – most

Die Stellung von adverbialen Bestimmungen im Satz

Adverbiale Bestimmungen können verschiedene Positionen im Satz einnehmen:

- Am **Anfang des Satzes**, vor dem Subjekt *(front position)*

  Tomorrow he will be in London.
  Morgen [betont] wird er in London sein.
  Unfortunately, I can't come to the party.
  Leider kann ich nicht zur Party kommen.

- **Im Satz** *(mid position)*
  vor dem Vollverb,

  She often goes to school by bike.
  Sie fährt oft mit dem Rad in die Schule.

  nach *to be*,

  She is already at home.
  Sie ist schon zu Hause.

  nach dem ersten Hilfsverb.

  You can even go swimming there.
  Man kann dort sogar schwimmen gehen.

- Am **Ende des Satzes** *(end position)*

  He will be in London tomorrow.
  Er wird morgen in London sein.

  Gibt es mehrere Adverbiale am Satzende, so gilt die **Reihenfolge**: Art und Weise – Ort – Zeit *(manner – place – time)*

  The snow melts slowly in the mountains at springtime.
  Im Frühling schmilzt der Schnee langsam in den Bergen.

2 Artikel – *Article*

Der **bestimmte Artikel** steht, wenn man von einer **ganz bestimmten Person oder Sache** spricht.

The cat is sleeping on the sofa.
Die Katze schläft auf dem Sofa. [nicht irgendeine Katze, sondern eine bestimmte]

Beachte: Der bestimmte Artikel steht unter anderem **immer** in folgenden Fällen:

- **abstrakte Begriffe**, die näher erläutert sind

  The agriculture practised in the USA is very successful.
  Die Landwirtschaft, wie sie in den USA praktiziert wird, ist sehr erfolgreich.

- **Gebäudebezeichnungen**, wenn man vom Gebäude und nicht von der Institution spricht

  The university should be renovated soon.
  Die Universität sollte bald renoviert werden.

- **Eigennamen im Plural** (Familiennamen, Gebirge, Inselgruppen, einige Länder etc.)

  the Johnsons, the Rockies, the Hebrides, the Netherlands, the USA

- Namen von **Flüssen** und **Meeren**

  the Mississippi, the North Sea, the Pacific Ocean

Der **unbestimmte Artikel** steht, wenn man von einer **nicht näher bestimmten Person oder Sache** spricht.

A man is walking down the road.
Ein Mann läuft gerade die Straße entlang. [irgendein Mann]

Beachte:
Der unbestimmte Artikel steht **häufig** bei:

- **Berufsbezeichnungen** und **Nationalitäten**
  She is an engineer. *Sie ist Ingenieurin.*
  He is a Scot(sman). *Er ist Schotte.*
- Zugehörigkeit zu einer **Religion** oder **Partei**
  She is a Catholic. *Sie ist katholisch.*
  He is a Tory. *Er ist Mitglied der Tories.*

In diesen Fällen steht **kein Artikel**:

- **nicht zählbare** Nomen wie z. B. **Stoffbezeichnungen**
  Gold is very valuable.
  Gold ist sehr wertvoll.
- **abstrakte Nomen** ohne nähere Bestimmung
  Buddhism is widespread in Asia.
  Der Buddhismus ist in Asien weit verbreitet.
- **Kollektivbegriffe**, z. B. *man* (= der Mensch bzw. alle Menschen), *society*
  Man is responsible for global warming.
  Der Mensch ist für die Klimaerwärmung verantwortlich.
- **Institutionen**, z. B. *school, church, university, prison*
  We went to school together.
  Wir gingen zusammen zur Schule.
- **Mahlzeiten**, z. B. *breakfast, lunch*
  Dinner is at 8 p.m.
  Das Abendessen ist um 20 Uhr.
- *by* + **Verkehrsmittel**
  I went to school by bike.
  Ich fuhr mit dem Fahrrad zur Schule.
- **Personennamen** (auch mit Titel), **Verwandtschaftsbezeichnungen**, die wie Namen verwendet werden
  Tom, Mr Scott, Queen Elizabeth, Dr Hill, Dad, Uncle Harry
- Bezeichnungen für **Straßen, Plätze, Brücken, Parkanlagen**
  Fifth Avenue, Trafalgar Square, Westminster Bridge, Hyde Park
- Namen von **Ländern, Kontinenten, Städten, Seen, Inseln, Bergen**
  France, Asia, San Francisco, Loch Ness, Corsica, Ben Nevis

3 Pronomen – *Pronouns*

Possessivbegleiter und -pronomen – *Possessive Determiners and Pronouns*

„Possessiv“ bedeutet **besitzanzeigend**. Man verwendet diese Formen, um zu sagen, **wem etwas gehört**. Man unterscheidet Possessivbegleiter, die mit einem Substantiv stehen, und Possessivpronomen (sie ersetzen ein Substantiv):

mit Substantiv	ohne Substantiv		
my	*mine*	This is my bike.	– This is mine.
your	*yours*	This is your bike.	– This is yours.
his/her/its	*his/hers/–*	This is her bike.	– This is hers.
our	*ours*	This is our bike.	– This is ours.
your	*yours*	This is your bike.	– This is yours.
their	*theirs*	This is their bike.	– This is theirs.

Reflexivpronomen – *Reflexive Pronouns*

Reflexivpronomen *(reflexive pronouns)* **beziehen sich auf das Subjekt** des Satzes **zurück**.

myself	I will look after myself.
yourself	You will look after yourself.
himself / herself / itself	He will look after himself.
ourselves	We will look after ourselves.
yourselves	You will look after yourselves.
themselves	They will look after themselves.

Beachte:

- Einige Verben stehen ohne Reflexivpronomen, obwohl im Deutschen mit „mich, dich, sich etc." übersetzt wird.

  I apologise …
  Ich entschuldige mich …
  He is hiding.
  Er versteckt sich.

- Einige Verben können sowohl mit einem Objekt als auch mit einem Reflexivpronomen verwendet werden. Dabei ändert sich die Bedeutung, z. B. bei *to enjoy* und *to help.*

  He is enjoying the party.
  Er genießt die Party.
  She is enjoying herself.
  Sie amüsiert sich.

  He is helping the child.
  Er hilft dem Kind.
  Help yourself!
  Bedienen Sie sich!

Reziprokes Pronomen – *Reciprocal Pronoun* ("each other/one another")

each other/one another ist unveränderlich. Es bezieht sich auf **zwei oder mehr Personen** und wird mit „sich (gegenseitig)/einander" übersetzt.	They looked at <u>each other</u> and laughed. *Sie schauten sich (gegenseitig) an und lachten.* *oder:* *Sie schauten einander an und lachten.*
Beachte: Einige Verben stehen ohne *each other*, obwohl im Deutschen mit „sich" übersetzt wird.	to meet — *sich treffen* to kiss — *sich küssen* to fall in love — *sich verlieben*

4 Präpositionen – *Prepositions*

Präpositionen *(prepositions)* drücken **räumliche, zeitliche oder andere Arten von Beziehungen** aus.	The ball is <u>under</u> the table. He came home <u>after</u> six o'clock.
Die wichtigsten Präpositionen mit Beispielen für ihre Verwendung:	
• *at* Ortsangabe: *at home*	I'm <u>at home</u> now. *Ich bin jetzt zu Hause.*
Zeitangabe: *at 3 p.m.*	He arrived <u>at 3 p.m.</u> *Er kam um 15 Uhr an.*
• *by* Angabe des Mittels: *by bike*	She went to work <u>by bike</u>. *Sie fuhr mit dem Rad zur Arbeit.*
Angabe der Ursache: *by mistake*	He did it <u>by mistake</u>. *Er hat es aus Versehen getan.*
Zeitangabe: *by tomorrow*	You will get the letter <u>by tomorrow</u>. *Du bekommst den Brief bis morgen.*
• *for* Zeitdauer: *for hours*	We waited for the bus <u>for hours</u>. *Wir warteten stundenlang auf den Bus.*
• *from* Ortsangabe: *from Dublin*	Ian is <u>from Dublin</u>. *Ian kommt aus Dublin.*
Zeitangabe: *from nine to five*	We work <u>from nine to five</u>. *Wir arbeiten von neun bis fünf Uhr.*
• *in* Ortsangabe: *in England*	<u>In England</u>, they drive on the left. *In England herrscht Linksverkehr.*

Zeitangabe: *in the morning*	They woke up <u>in the morning</u>. *Sie wachten am Morgen auf.*
• *of* Besitz/Zugehörigkeit/Teilmenge: *north of the city, owner of the pub*	The village lies <u>north of the city</u>. *Das Dorf liegt nördlich der Stadt.*
• *on* Ortsangabe: *on the left,* *on the floor*	<u>On the left</u> you see the London Eye. *Links sehen Sie das London Eye.*
Zeitangabe: *on Monday*	<u>On Monday</u> she will buy the tickets. *(Am) Montag kauft sie die Karten.*
• *to* Richtungsangabe: *to the left*	Please turn <u>to the left</u>. *Bitte wenden Sie sich nach links.*
Angabe des Ziels: *to London*	He goes <u>to London</u> every year. *Er fährt jedes Jahr nach London.*

5 Modale Hilfsverben – *Modal Auxiliaries*

Zu den **modalen Hilfsverben** *(modal auxiliaries)* zählen z. B. *can, may* und *must.*

Bildung • Die modalen Hilfsverben haben für alle Personen **nur eine Form**: kein *-s* in der 3. Person Singular.	I, you, he/she/it, we, you, they } must
• Auf ein modales Hilfsverb folgt der **Infinitiv ohne *to*.**	You <u>must</u> <u>listen</u> to my new CD. *Du musst dir meine neue CD anhören.*
• **Frage und Verneinung** werden nicht mit *do/did* umschrieben.	<u>Can</u> you help me, please? *Kannst du mir bitte helfen?*
Die modalen Hilfsverben können nicht alle Zeiten bilden. Deshalb benötigt man **Ersatzformen** (können auch im Präsens verwendet werden).	
• ***can*** (können) Ersatzformen: ***(to) be able to*** (Fähigkeit), ***(to) be allowed to*** (Erlaubnis)	I <u>can</u> sing./I <u>was able to</u> sing. *Ich kann singen. / Ich konnte singen.* You <u>can't</u> go to the party./ I <u>wasn't allowed to</u> go to the party. *Du darfst nicht auf die Party gehen./* *Ich durfte nicht auf die Party gehen.*
Beachte: Im *simple past* und *conditional I* ist auch *could* möglich.	When I was three, I <u>could</u> already ski. *Mit drei konnte ich schon Ski fahren.*

• ***may*** (dürfen) – sehr höflich Ersatzform: ***(to) be allowed to***	You may go home early./ You were allowed to go home early. *Du darfst früh nach Hause gehen./* *Du durftest früh nach Hause gehen.*
• ***must*** (müssen) Ersatzform: ***(to) have to***	He must be home by ten o'clock./ He had to be home by ten o'clock. *Er muss um zehn Uhr zu Hause sein./* *Er musste um zehn Uhr zu Hause sein.*
Beachte: ***must not/mustn't*** = „nicht dürfen"	You must not eat all the cake. *Du darfst nicht den ganzen Kuchen essen.*
„nicht müssen, nicht brauchen" = ***not have to, needn't***	You don't have to/needn't eat all the cake. *Du musst nicht den ganzen Kuchen essen./* *Du brauchst nicht … zu essen.*

Infinitiv, Gerundium oder Partizip? – Die infiniten Verbformen

6 Infinitiv – *Infinitive*

Der **Infinitiv** (Grundform des Verbs) **mit *to*** steht z. B. **nach**

• bestimmten **Verben**, z. B.:

to decide	(sich) entscheiden, beschließen	He decided to wait. *Er beschloss zu warten.*
to expect	erwarten	
to hope	hoffen	
to manage	schaffen	
to plan	planen	
to promise	versprechen	
to want	wollen	

• bestimmten **Substantiven und Pronomen** *(something, anything)*, z. B.:

attempt	Versuch	We haven't got anything to eat at home. *Wir haben nichts zu essen zu Hause.*
idea	Idee	It was her plan to visit him in May. *Sie hatte vor, ihn im Mai zu besuchen.*
plan	Plan	
wish	Wunsch	

• bestimmten **Adjektiven** (auch in Verbindung mit *too/enough*) und deren Steigerungsformen, z. B.:

certain	sicher	
difficult/hard	schwer, schwierig	Maths is often difficult to understand. *Mathe ist oft schwer zu verstehen.*
easy	leicht	

- **Fragewörtern**, wie z. B. *what, where, which, who, when, how* und nach *whether*. Diese Konstruktion ersetzt eine indirekte Frage mit modalem Hilfsverb.

We knew where to find her. / We knew where we would find her. *Wir wussten, wo wir sie finden würden.*

Die Konstruktion **Objekt + Infinitiv** wird im Deutschen oft mit einem „dass"-Satz übersetzt.
Sie steht z. B. **nach**

- bestimmten **Verben**, z. B.:

to allow	erlauben
to get	veranlassen
to help	helfen
to persuade	überreden

She allowed him to go to the cinema. *Sie erlaubte ihm, dass er ins Kino geht. / … ins Kino zu gehen.*

- **Verb + Präposition**, z. B.:

to count on	rechnen mit
to rely on	sich verlassen auf
to wait for	warten auf

She relies on him to arrive in time. *Sie verlässt sich darauf, dass er rechtzeitig ankommt.*

- **Adjektiv + Präposition**, z. B.:

easy for	leicht
necessary for	notwendig
nice of	nett
silly of	dumm

It is necessary for you to study more. *Es ist notwendig, dass du mehr lernst.*

- **Substantiv + Präposition**, z. B.:

opportunity for	Gelegenheit
idea for	Idee
time for	Zeit
mistake for	Fehler

Work experience is a good opportunity for you to find out which job suits you. *Ein Praktikum ist eine gute Gelegenheit, herauszufinden, welcher Beruf zu dir passt.*

- einem **Adjektiv**, das durch ***too*** oder ***enough*** näher bestimmt wird.

The box is too heavy for me to carry. *Die Kiste ist mir zu schwer zum Tragen.*

The weather is good enough for us to go for a walk. *Das Wetter ist gut genug, dass wir spazieren gehen können.*

7 Gerundium (*-ing*-Form) – *Gerund*

Bildung
Infinitiv + *-ing*

read → reading

Beachte:

• stummes *-e* entfällt	write → writing
• nach kurzem betontem Vokal: Schlusskonsonant verdoppelt	stop → stopping
• *-ie* wird zu *-y*	lie → lying

Verwendung

Das *gerund* kann sowohl **Subjekt** als auch **Objekt** eines Satzes sein.

Skiing is fun. *Skifahren macht Spaß.*
He has given up smoking. *Er hat mit dem Rauchen aufgehört.*

Die *-ing*-Form steht z. B. nach:

- bestimmten **Verben**, z. B.:

to avoid	vermeiden
to enjoy	genießen, gern tun
to keep (on)	weitermachen
to miss	vermissen
to risk	riskieren
to suggest	vorschlagen

He enjoys reading comics.
Er liest gerne Comics.

You risk losing a friend.
Du riskierst, einen Freund zu verlieren.

- **Verb + Präposition**, z. B.:

to agree with	zustimmen
to believe in	glauben an
to dream of	träumen von
to look forward to	sich freuen auf
to talk about	sprechen über

She dreams of meeting a star.
Sie träumt davon, einen Star zu treffen.

- **Adjektiv + Präposition**, z. B.:

(be) afraid of	sich fürchten vor
famous for	berühmt für
good/bad at	gut/schlecht in
interested in	interessiert an

He is afraid of losing his job.
Er hat Angst, seine Arbeit zu verlieren.

- **Substantiv + Präposition**, z. B.:

chance of	Chance, Aussicht
danger of	Gefahr
reason for	Grund
way of	Art und Weise

Do you have a chance of getting the job?
Hast du Aussicht, die Stelle zu bekommen?

- nach bestimmten **Präpositionen**, wie z. B.:

after	nachdem
before	bevor
by	indem, dadurch, dass
in spite of	trotz
instead of	statt

Before leaving the room he said goodbye.
Bevor er den Raum verließ, verabschiedete er sich.

8 Infinitiv oder Gerundium? – *Infinitive or Gerund?*

Einige Verben können sowohl **mit** dem **Infinitiv** als auch **mit der** ***-ing*****-Form** stehen, **ohne** dass sich die **Bedeutung ändert**, z. B. *to love, to hate, to prefer, to start, to begin, to continue.*

I hate getting up early.
I hate to get up early.
Ich hasse es, früh aufzustehen.

Bei manchen Verben **ändert sich** jedoch die **Bedeutung**, je nachdem, ob sie mit Infinitiv oder mit der *-ing*-Form verwendet werden, z. B. *to remember, to forget, to stop.*

- *to remember* + Infinitiv: „daran denken, etwas zu tun"

  I must remember to post the invitations.
  Ich muss daran denken, die Einladungen einzuwerfen.

  to remember + *ing*-Form: „sich erinnern, etwas getan zu haben"

  I remember posting the invitations.
  Ich erinnere mich daran, die Einladungen eingeworfen zu haben.

- *to forget* + Infinitiv: „vergessen, etwas zu tun"

  Don't forget to water the plants.
  Vergiss nicht, die Pflanzen zu gießen.

  to forget + *ing*-Form: „vergessen, etwas getan zu haben"

  I'll never forget meeting the President.
  Ich werde nie vergessen, wie ich den Präsidenten traf.

- *to stop* + Infinitiv: „stehen bleiben, um etwas zu tun"

  I stopped to read the road sign.
  Ich hielt an, um das Verkehrsschild zu lesen.

  to stop + *ing*-Form: „aufhören, etwas zu tun"

  He stopped laughing.
  Er hörte auf zu lachen.

9 Partizipien – *Participles*

Partizip Präsens – *Present Participle*

Bildung
Infinitiv + *ing*
Sonderformen: siehe *gerund* (S. G 11 f.)

talk → talking

Verwendung
Das *present participle* verwendet man zur Bildung der Verlaufsformen, z. B.

- zur Bildung des *present progressive,*

  Peter is reading.
  Peter liest (gerade).

- zur Bildung des *past progressive,*

  Peter was reading when I saw him.
  Peter las (gerade), als ich ihn sah.

- zur Bildung des *present perfect progressive,*

  I have been living in Sydney for 5 years.
  Ich lebe seit 5 Jahren in Sydney.

- zur Bildung des *future progressive,*

  This time tomorrow I will be working.
  Morgen um diese Zeit werde ich arbeiten.

oder wie ein Adjektiv, wenn es vor einem Substantiv steht.

The village hasn't got running water.
Das Dorf hat kein fließendes Wasser.

Partizip Perfekt – *Past Participle*

Bildung
Infinitiv + *-ed*

talk → talked

Beachte:

- stummes *-e* entfällt — live → lived
- nach betontem Vokal wird der Schlusskonsonant verdoppelt — stop → stopped
- *-y* wird zu *-ie* — cry → cried
- unregelmäßige Verben (S. G 31 f.) — be → been

Verwendung
Das *past participle* verwendet man zur Bildung der Perfektformen, z. B.

- zur Bildung des *present perfect,*

  He hasn't talked to Tom yet.
  Er hat noch nicht mit Tom gesprochen.

- zur Bildung des *past perfect*,

Before they went biking in France, they had bought new bikes.
Bevor sie nach Frankreich zum Radfahren gingen, hatten sie neue Fahrräder gekauft.

- zur Bildung des *future perfect*,

The letter will have arrived by then.
Der Brief wird bis dann angekommen sein.

zur Bildung des Passivs

The fish was eaten by the cat.
Der Fisch wurde von der Katze gefressen.

oder wie ein Adjektiv, wenn es vor einem Substantiv steht.

Peter has got a well-paid job.
Peter hat eine gut bezahlte Stelle.

Verkürzung eines Nebensatzes durch ein Partizip

Adverbiale Nebensätze (meist kausale oder temporale Bedeutung) und **Relativsätze** können durch ein Partizip verkürzt werden.

She watches the news, because she wants to stay informed.
Wanting to stay informed, she watches the news.
Sie sieht sich die Nachrichten an, weil sie informiert bleiben möchte.

Das Zeitverhältnis zwischen Haupt- und Nebensatz bestimmt die Form des Partizips:

- Das *present participle* verwendet man, um **Gleichzeitigkeit** mit der Haupthandlung auszudrücken.

He did his homework listening to music.
Er machte seine Hausaufgaben und hörte dabei Musik.

- *Having + past participle* verwendet man, um auszudrücken, dass die **Nebenhandlung vor der Haupthandlung** geschah.

Having done his homework, he listened to music.
Nachdem er seine Hausaufgaben gemacht hatte, hörte er Musik.

- Das *past participle* verwendet man auch, um einen Satz im **Passiv** zu verkürzen.

Sally is a manager in a five-star hotel which is called Pacific View.
Sally is a manager in a five-star hotel called Pacific View.

Beachte:

- Man kann einen Temporal- oder Kausalsatz verkürzen, wenn **Haupt- und Nebensatz dasselbe Subjekt** haben.

When he was walking down the street, he saw Jo.
(When) walking down the street, he saw Jo.
Als er die Straße entlangging, sah er Jo.

- Bei **Kausalsätzen** entfallen die Konjunktionen *as, because* und *since* im verkürzten Nebensatz.

As he was hungry, he bought a sandwich.
Being hungry, he bought a sandwich.
Da er hungrig war, kaufte er ein Sandwich.

- In einem **Temporalsatz** bleibt die einleitende **Konjunktion** häufig erhalten, um dem Satz eine **eindeutige Bedeutung** zuzuweisen.

When he left, he forgot to lock the door.
When leaving, he forgot to lock the door.
Als er ging, vergaß er, die Tür abzuschließen.

Tara got sick eating too much chocolate.
Tara wurde schlecht, als/während/da sie zu viel Schokolade aß. [verschiedene Deutungen möglich]

Die Vorzeitigkeit einer Handlung kann durch ***after + present participle*** oder durch ***having + past participle*** ausgedrückt werden.

After finishing / Having finished breakfast, he went to work.
Nachdem er sein Frühstück beendet hatte, ging er zur Arbeit.

- Bei **Relativsätzen** entfallen die Relativpronomen *who, which* und *that.*

I saw a six-year-old boy who played the piano.
I saw a six-year-old boy playing the piano.
Ich sah einen sechsjährigen Jungen, der gerade Klavier spielte. / … Klavier spielen.

Verbindung von zwei Hauptsätzen durch ein Partizip

Zwei Hauptsätze können durch ein Partizip verbunden werden, wenn sie **dasselbe Subjekt** haben.

Beachte:

- Das Subjekt des zweiten Hauptsatzes und die Konjunktion *and* entfallen.
- Die Verbform des zweiten Hauptsatzes wird durch das Partizip ersetzt.

He did his homework and he listened to the radio.
He did his homework listening to the radio.
Er machte seine Hausaufgaben und hörte Radio.

Unverbundene Partizipialkonstruktionen – *Absolute Participle Constructions*

Unverbundene Partizipialkonstruktionen haben ein **eigenes Subjekt**, das nicht mit dem Subjekt des Hauptsatzes übereinstimmt. Sie werden in **gehobener Sprache** verwendet. Mit einleitendem ***with*** werden sie auf allen Stilebenen verwendet.

The sun having come out, the ladies went for a walk in the park.
Da die Sonne herausgekommen war, gingen die Damen im Park spazieren.

With the telephone ringing, she jumped out of bed.
Als das Telefon klingelte, sprang sie aus dem Bett.

Bildung und Gebrauch der finiten Verbformen

10 Zeiten – *Tenses*

Simple Present

Bildung
Grundform (= Infinitiv), Ausnahme:
3. Person Singular: Infinitiv + *-s*

stand – he/she/it stands

Beachte:

- Bei Verben, die auf Laute wie *-s, -sh, -ch, -x* und *-z* enden, wird in der 3. Person Singular *-es* angefügt.
- Bei Verben, die auf Konsonant + *-y* enden, wird *-es* angefügt; *-y* wird zu *-i-*.

kiss	–	he/she/it kisses
rush	–	he/she/it rushes
teach	–	he/she/it teaches
fix	–	he/she/it fixes
carry	–	he/she/it carries

Bildung von Fragen im *simple present*
(Fragewort +) *do/does* + Subjekt + Infinitiv

Where does he live? / Does he live in London?
Wo lebt er? / Lebt er in London?

Beachte:
Die Umschreibung mit *do/does* wird nicht verwendet,

- wenn nach dem Subjekt gefragt wird (mit *who, what, which*),

Who likes pizza?
Wer mag Pizza?

Which tree has more leaves?
Welcher Baum hat mehr Blätter?

- wenn die Frage mit *is/are* gebildet wird.

Are you happy?
Bist du glücklich?

Bildung der Verneinung im *simple present*
don't/doesn't + Infinitiv

He doesn't like football.
Er mag Fußball nicht.

Verwendung
Das *simple present* wird verwendet:

- bei Tätigkeiten, die man **gewohnheitsmäßig** oder häufig ausführt
Signalwörter: z. B. *always, often, never, every day, every morning, every afternoon*

Every morning John buys a newspaper.
Jeden Morgen kauft John eine Zeitung.

- bei **allgemeingültigen** Aussagen

London is a big city.
London ist eine große Stadt.

- bei **Zustandsverben**: Sie drücken Eigenschaften / Zustände von Personen und Dingen aus und stehen normalerweise nur in der *simple form*, z. B. *to hate, to know, to like.*

I like science-fiction films.
Ich mag Science-Fiction-Filme.

Present Progressive / Present Continuous

Bildung
am/is/are + present participle

read → am/is/are reading

Bildung von Fragen im *present progressive*
(Fragewort +) *am/is/are* + Subjekt + *present participle*

Is Peter reading?/What is he reading?
Liest Peter gerade?/Was liest er?

Bildung der Verneinung im *present progressive*
am not/isn't/aren't + present participle

Peter isn't reading.
Peter liest gerade nicht.

Verwendung
Mit dem *present progressive* drückt man aus, dass etwas **gerade passiert** und **noch nicht abgeschlossen** ist. Es wird daher auch als **Verlaufsform** der Gegenwart bezeichnet.

Signalwörter: *at the moment, now*

At the moment, Peter is drinking a cup of tea.
Im Augenblick trinkt Peter eine Tasse Tee. [Er hat damit angefangen und noch nicht aufgehört.]

Simple Past

Bildung Regelmäßige Verben: Infinitiv + *-ed*	walk → walked
Beachte: • stummes *-e* entfällt	hope → hoped
• Bei Verben, die auf Konsonant + *-y* enden, wird *-y* zu *-i-*.	carry → carried
• Nach betontem Vokal wird der Schlusskonsonant verdoppelt.	stop → stopped
Unregelmäßige Verben: siehe Liste S. G 31 f.	be → was have → had
Bildung von Fragen im *simple past* (Fragewort +) *did* + Subjekt + Infinitiv	(Why) Did he look out of the window? *(Warum) Sah er aus dem Fenster?*
Beachte: Die Umschreibung mit *did* wird nicht verwendet, • wenn nach dem Subjekt gefragt wird (mit *who, what, which*),	Who paid the bill? *Wer zahlte die Rechnung?* What happened to your friend? *Was ist mit deinem Freund passiert?*
• wenn die Frage mit *was/were* gebildet wird.	Were you happy? *Warst du glücklich?*
Bildung der Verneinung im *simple past* *didn't* + Infinitiv	He didn't call me. *Er rief mich nicht an.*

Verwendung Das *simple past* beschreibt Handlungen und Ereignisse, die **in der Vergangenheit passierten** und **bereits abgeschlossen** sind. Signalwörter: z. B. *yesterday, last week/year, two years ago, in 2008*	Last week, he helped me with my homework. *Letzte Woche half er mir bei meinen Hausaufgaben. [Die Handlung fand in der letzten Woche statt, ist also abgeschlossen.]*

Past Progressive / Past Continuous

Bildung
was/were + present participle

watch → was/were watching

Verwendung
Die **Verlaufsform** *past progressive* verwendet man, wenn **zu einem bestimmten Zeitpunkt** in der Vergangenheit eine **Handlung ablief**, bzw. wenn eine **Handlung** von einer anderen **unterbrochen** wurde.

Yesterday at 9 o'clock I was still sleeping.
Gestern um 9 Uhr schlief ich noch.

I was reading a book when Peter came into the room.
Ich las (gerade) ein Buch, als Peter ins Zimmer kam.

Present Perfect (Simple)

Bildung
have/has + past participle

write → has/have written

Verwendung
Das *present perfect* verwendet man,

- wenn ein Vorgang **in der Vergangenheit begonnen** hat und **noch andauert**,

He has lived in London since 2008.
Er lebt seit 2008 in London.
[Er lebt jetzt immer noch in London.]

- wenn das Ergebnis einer vergangenen Handlung **Auswirkungen auf die Gegenwart** hat.

I have just cleaned my car.
Ich habe gerade mein Auto geputzt.
[Man sieht evtl. das saubere Auto.]

Signalwörter: z. B. *already, ever, just, how long, not ... yet, since, for*

Have you ever been to Dublin?
Warst du schon jemals in Dublin?

Beachte:

- *have/has* können zu *'ve/'s* verkürzt werden.

He's given me his umbrella.
Er hat mir seinen Regenschirm gegeben.

- Das *present perfect* wird oft mit *since* und *for* verwendet („seit").
  – ***since*** gibt einen **Zeitpunkt** an:

Ron has lived in Sydney since 2007.
Ron lebt seit 2007 in Sydney.

  – ***for*** gibt einen **Zeitraum** an:

Sally has lived in Berlin for five years.
Sally lebt seit fünf Jahren in Berlin.

Present Perfect Progressive / Present Perfect Continuous

Bildung *have/has + been + present participle*	write → has/have been writing
Verwendung Die **Verlaufsform** *present perfect progressive* verwendet man, um die **Dauer einer Handlung** zu **betonen**, die in der Vergangenheit begonnen hat und noch andauert.	She has been sleeping for ten hours. *Sie schläft seit zehn Stunden.*

Past Perfect (Simple)

Bildung *had + past participle*	write → had written
Verwendung Die Vorvergangenheit *past perfect* verwendet man, wenn ein Vorgang in der Vergangenheit **vor einem anderen Vorgang in der Vergangenheit abgeschlossen** wurde.	He had bought a ticket before he took the train to Manchester. *Er hatte eine Fahrkarte gekauft, bevor er den Zug nach Manchester nahm. [Beim Einsteigen war der Kauf abgeschlossen.]*

Past Perfect Progressive / Past Perfect Continuous

Bildung *had + been + present participle*	write → had been writing
Verwendung Die **Verlaufsform** *past perfect progressive* verwendet man für **Handlungen**, die in der Vergangenheit **bis zu dem Zeitpunkt andauerten**, zu dem eine neue Handlung einsetzte.	She had been sleeping for ten hours when the doorbell rang. *Sie hatte seit zehn Stunden geschlafen, als es an der Tür klingelte. [Das Schlafen dauerte bis zu dem Zeitpunkt an, als es an der Tür klingelte.]*

Will-future

Bildung
will + Infinitiv

buy → will buy

Bildung von Fragen im *will-future*
(Fragewort +) *will* + Subjekt + Infinitiv

What will you buy?
Was wirst du kaufen?

Bildung der Verneinung im *will-future*
won't + Infinitiv

She won't come to our party.
Sie wird nicht zu unserer Party kommen.

Verwendung
Das *will-future* verwendet man, wenn ein Vorgang **in der Zukunft stattfinden** wird:

- bei Vorhersagen oder Vermutungen,

The weather will be fine tomorrow.
Das Wetter wird morgen schön (sein).

- bei spontanen Entscheidungen.

[doorbell] "I'll open the door."
"Ich mache die Tür auf."

Going-to-future

Bildung
am/is/are + *going to* + Infinitiv

find → am/is/are going to find

Verwendung
Das *going-to-future* verwendet man, wenn man ausdrücken will:

- was man für die Zukunft **plant** oder **zu tun beabsichtigt**.

I am going to work in England this summer.
Diesen Sommer werde ich in England arbeiten.

- dass ein **Ereignis bald eintreten wird**, da bestimmte **Anzeichen** vorhanden sind.

Look at those clouds. It's going to rain soon.
Schau dir diese Wolken an. Es wird bald regnen.

Simple Present und *Present Progressive* zur Wiedergabe der Zukunft

Verwendung

- Mit dem ***present progressive*** drückt man **Pläne** für die Zukunft aus, für die bereits **Vorkehrungen** getroffen wurden.

We are flying to New York tomorrow.
Morgen fliegen wir nach New York.
[Wir haben schon Tickets.]

- Mit dem ***simple present*** wird ein zukünftiges Geschehen wiedergegeben, das **von außen festgelegt** wurde, z. B. Fahrpläne, Programme, Kalender.

The train leaves at 8.15 a.m.
Der Zug fährt um 8.15 Uhr.

The play ends at 10 p.m.
Das Theaterstück endet um 22 Uhr.

Future Progressive / Future Continuous

Bildung
will + be + present participle

work → will be working

Verwendung
Die **Verlaufsform** *future progressive* drückt aus, dass ein **Vorgang** in der Zukunft zu einem bestimmten Zeitpunkt **gerade ablaufen wird**.

Signalwörter: *this time next week / tomorrow, tomorrow* + Zeitangabe

This time tomorrow I will be sitting in a plane to London.
Morgen um diese Zeit werde ich gerade im Flugzeug nach London sitzen.

Future Perfect (Future II)

Bildung
will + have + past participle

go → will have gone

Verwendung
Das *future perfect* drückt aus, dass ein **Vorgang** in der Zukunft **abgeschlossen sein wird** (Vorzeitigkeit in der Zukunft).

Signalwörter: *by then, by* + Zeitangabe

By 5 p.m. tomorrow I will have arrived in London.
Morgen Nachmittag um fünf Uhr werde ich bereits in London angekommen sein.

11 Passiv – *Passive Voice*

Bildung

Form von *(to) be* in der entsprechenden Zeitform + *past participle*

The bridge was finished in 1894.
Die Brücke wurde 1894 fertiggestellt.

Bsp. für verschiedene Zeitformen:

• *simple present*	*Aktiv:*	Joe buys the milk.
	Passiv:	The milk is bought by Joe.
• *simple past*	*Aktiv:*	Joe bought the milk.
	Passiv:	The milk was bought by Joe.
• *present perfect*	*Aktiv:*	Joe has bought the milk.
	Passiv:	The milk has been bought by Joe.
• *past perfect*	*Aktiv:*	Joe had bought the milk.
	Passiv:	The milk had been bought by Joe.
• *will-future*	*Aktiv:*	Joe will buy the milk.
	Passiv:	The milk will be bought by Joe.

Aktiv → Passiv

- Das Objekt des Aktivsatzes wird zum Subjekt des Passivsatzes.
- Soll das Subjekt des Aktivsatzes im Passivsatz angegeben werden, wird es als *by-agent* angeschlossen.

Aktiv: Joe (*Subjekt*) buys the milk (*Objekt*).
Passiv: The milk (*Subjekt*) is bought by Joe (*by-agent*).

- Stehen im Aktiv **zwei Objekte**, lassen sich zwei verschiedene Passivsätze bilden. Ein Objekt wird zum Subjekt des Passivsatzes, das zweite bleibt Objekt.

Aktiv: They (*Subjekt*) gave her (*ind. Obj.*) a ball (*dir. Obj.*).
Passiv: She (*Subjekt*) was given a ball (*dir. Obj.*).

oder:

Aktiv: They (*Subjekt*) gave her (*ind. Obj.*) a ball (*dir. Obj.*).
Passiv: A ball (*Subjekt*) was given to her (*ind. Obj.*).

Beachte:
Das indirekte Objekt muss im Passivsatz mit *to* angeschlossen werden.

Passiv → Aktiv

- Der mit *by* angeschlossene Handelnde *(by-agent)* des Passivsatzes wird zum Subjekt des Aktivsatzes; *by* entfällt.
- Das Subjekt des Passivsatzes wird zum Objekt des Aktivsatzes.
- Fehlt im Passivsatz der *by-agent*, muss im Aktivsatz ein Handelnder als Subjekt ergänzt werden, z. B. *somebody, we, you, they.*

Passiv:	The milk *Subjekt*	is bought	by Joe. *by-agent*
Aktiv:	Joe *Subjekt*	buys	the milk. *Objekt*

Passiv:	The match *Subjekt*	was won.	
Aktiv:	They *(ergänztes) Subjekt*	won	the match. *Objekt*

Der Satz im Englischen

12 Wortstellung – *Word Order*

Im Aussagesatz gilt die Wortstellung **S**ubjekt – **P**rädikat – **O**bjekt *(**s**ubject – **v**erb – **o**bject):*

- Subjekt: Wer oder was tut etwas?
- Prädikat: Was wird getan?
- Objekt: Worauf / Auf wen bezieht sich die Tätigkeit?

Für die Position von Orts- und Zeitangaben vgl. S. G 4 f.

Cats catch mice.
Katzen fangen Mäuse.

13 Konditionalsätze – *Conditional Sentences*

Ein Konditionalsatz (Bedingungssatz) besteht aus zwei Teilen: einem Nebensatz *(if-clause)* und einem Hauptsatz *(main clause)*. Im ***if*-Satz** steht die **Bedingung** *(condition)*, unter der die im **Hauptsatz** genannte **Folge** eintritt. Man unterscheidet drei Arten von Konditionalsätzen:

Konditionalsatz Typ I

Bildung
- *if*-Satz (Bedingung): *simple present*
- Hauptsatz (Folge): *will-future*

If you read this book,
Wenn du dieses Buch liest,

you will learn a lot about music.
erfährst du eine Menge über Musik.

Der *if*-Satz kann auch nach dem Hauptsatz stehen. In diesem Fall entfällt das Komma:
- Hauptsatz: *will-future*

You will learn a lot about music
Du erfährst eine Menge über Musik,

- *if*-Satz: *simple present*

if you read this book.
wenn du dieses Buch liest.

Im Hauptsatz kann auch
- ein modales Hilfsverb (z. B. *can, must, may*) + Infinitiv

If you go to London, you must visit me.
Wenn du nach London fährst, musst du mich besuchen.

- sowie der Imperativ

stehen.

If it rains, take an umbrella.
Wenn es regnet, nimm einen Schirm mit.

Verwendung
Bedingungssätze vom Typ I verwendet man, wenn die **Bedingung erfüllbar** ist. Man gibt an, was unter bestimmten Bedingungen **geschieht** oder **geschehen kann**.

Konditionalsatz Typ II

Bildung
- *if*-Satz (Bedingung): *simple past*
- Hauptsatz (Folge): *conditional I* = *would* + Infinitiv

If I went to London,
Wenn ich nach London fahren würde,

I would visit the Tower.
würde ich mir den Tower ansehen.

Verwendung
Bedingungssätze vom Typ II verwendet man, wenn die **Bedingung nur theoretisch erfüllt** werden kann oder **nicht erfüllbar** ist.

Konditionalsatz Typ III

Bildung

- *if*-Satz (Bedingung): *past perfect*

If I had gone to London,
Wenn ich nach London gefahren wäre,

- Hauptsatz (Folge): *conditional II = would + have + past participle*

I would have visited the Tower of London.
hätte ich mir den Tower of London angesehen.

Verwendung
Bedingungssätze vom Typ III verwendet man, wenn sich die **Bedingung auf die Vergangenheit bezieht** und deshalb **nicht mehr erfüllbar** ist.

14 Relativsätze – *Relative Clauses*

Ein Relativsatz ist ein Nebensatz, der sich **auf eine Person oder Sache** des Hauptsatzes **bezieht** und diese **näher beschreibt**:

The boy who looks like Jane is her brother.
Der Junge, der Jane ähnlich sieht, ist ihr Bruder.

- Hauptsatz: The boy … is her brother.
- Relativsatz: … who looks like Jane …

Bildung
Haupt- und Nebensatz werden durch das Relativpronomen verbunden.

- ***who*** (Nominativ oder Akkusativ),

Peter, who lives in London, likes travelling.
Peter, der in London lebt, reist gerne.

whose (Genitiv) und

Sam, whose mother is an architect, is in my class.
Sam, dessen Mutter Architektin ist, geht in meine Klasse.

whom (Akkusativ) beziehen sich auf **Personen**,

Anne, whom/who I like very much, is French.
Anne, die ich sehr mag, ist Französin.

- ***which*** bezieht sich auf **Sachen**,

The film "Dark Moon", which we saw yesterday, was far too long.
Der Film „Dark Moon", den wir gestern sahen, war viel zu lang.

- ***that*** kann sich auf **Sachen** und auf **Personen** beziehen und wird nur verwendet, wenn die **Information** im Relativsatz **notwendig** ist, um den ganzen Satz zu verstehen.

The film that we saw last week was much better.
Der Film, den wir letzte Woche sahen, war viel besser.

Verwendung
Mithilfe von Relativpronomen kann man **zwei Sätze miteinander verbinden**.

London is England's biggest city. London is very popular with tourists.
London ist Englands größte Stadt.
London ist bei Touristen sehr beliebt.

London, which is England's biggest city, is very popular with tourists.
London, die größte Stadt Englands, ist bei Touristen sehr beliebt.

Beachte:
Man unterscheidet zwei Arten von Relativsätzen:

- **Notwendige Relativsätze** *(defining relative clauses)* enthalten Informationen, die **für das Verständnis** des Satzes **erforderlich** sind.

The man who is wearing a red shirt is Mike.
Der Mann, der ein rotes Hemd trägt, ist Mike.

Hier kann das Relativpronomen entfallen, wenn es Objekt ist; man spricht dann auch von *contact clauses*.

The book (that) I bought yesterday is thrilling.
Das Buch, das ich gestern gekauft habe, ist spannend.

- **Nicht notwendige Relativsätze** *(non-defining relative clauses)* enthalten **zusätzliche Informationen** zum Bezugswort, die für das Verständnis des Satzes nicht unbedingt notwendig sind. Dieser Typ von Relativsatz wird **mit Komma** abgetrennt.

Sally**,** who went to a party yesterday**,** is very tired.
Sally, die gestern auf einer Party war, ist sehr müde.

15 Indirekte Rede – *Reported Speech*

Die indirekte Rede verwendet man, um **wiederzugeben, was ein anderer gesagt** oder **gefragt hat**.

Bildung
Um die indirekte Rede zu bilden, benötigt man ein **Einleitungsverb**.
Häufig verwendete Einleitungsverben sind:

to say, to tell, to add, to mention, to think, to ask, to want to know, to answer

In der indirekten Rede verändern sich die **Pronomen**, in bestimmten Fällen auch die **Zeiten** und die **Orts-** und **Zeitangaben**.

- Wie die Pronomen sich verändern, hängt vom jeweiligen **Kontext** ab.

direkte Rede	**indirekte Rede**
Bob says to Jenny: "I like you." *Bob sagt zu Jenny: „Ich mag dich."*	Jenny tells Liz: "Bob says that he likes me." *Jenny erzählt Liz: „Bob sagt, dass er mich mag."*
Aber:	Jenny tells Liz that Bob likes her. *Jenny erzählt Liz, dass Bob sie mag.*

- **Zeiten**:
  Keine Veränderung, wenn das Einleitungsverb im *simple present,* im Futur oder im *present perfect* steht:

direkte Rede	**indirekte Rede**
Bob says, "I love dancing." *Bob sagt: „Ich tanze sehr gerne."*	Bob says (that) he loves dancing. *Bob sagt, er tanze sehr gerne.*

Die Zeit der direkten Rede wird in der indirekten Rede normalerweise **um eine Zeitstufe zurückversetzt**, wenn das **Einleitungsverb** im ***past tense*** oder ***past perfect*** steht:	Bob said, "I love dancing." *Bob sagte: „Ich tanze sehr gerne."*	Bob said (that) he loved dancing. *Bob sagte, er tanze sehr gerne.*
simple present → *simple past*	Joe: "I like it."	Joe said he liked it.
simple past → *past perfect*	Joe: "I liked it."	Joe said he had liked it.
present perfect → *past perfect*	Joe: "I've liked it."	Joe said he had liked it.
will-future → *conditional I*	Joe: "I will like it."	Joe said he would like it.
• **Zeitangaben** verändern sich, wenn der Bericht zu einem späteren Zeitpunkt erfolgt, z. B.:	now → today → yesterday → tomorrow →	then, at that time that day, yesterday the day before the following day
• Welche **Ortsangabe** verwendet wird, hängt davon ab, wo sich der Sprecher im Moment befindet.	here →	here *[noch am selben Ort]*/there *[anderer Ort]*

Bildung der indirekten Frage Häufige Einleitungsverben für die indirekte Frage sind:	to ask, to want to know, to wonder	
• **Fragewörter** bleiben in der indirekten Rede **erhalten**. Die **Umschreibung** mit *do/does/did* **entfällt** in der indirekten Frage.	Tom: "When did they arrive?" *Tom: „Wann sind sie angekommen?"*	Tom asked when they had arrived. *Tom fragte, wann sie angekommen seien.*
• Enthält die direkte Frage **kein Fragewort**, wird die indirekte Frage mit ***whether*** oder ***if*** eingeleitet:	Tom: "Are they staying at the hotel?" *Tom: „Übernachten sie im Hotel?"*	Tom asked if/whether they were staying at the hotel. *Tom fragte, ob sie im Hotel übernachten.*

Befehle/Aufforderungen in der indirekten Rede Häufige Einleitungsverben sind:	to tell, to order, to ask	
In der indirekten Rede steht hier **Einleitungsverb + Objekt + *(not) to* + Infinitiv**.	Tom: "Leave the room." *Tom: „Verlass den Raum."*	Tom told me to leave the room. *Tom forderte mich auf, den Raum zu verlassen.*

Anhang

16 Liste wichtiger unregelmäßiger Verben – *List of Irregular Verbs*

Infinitive	Simple Past	Past Participle	*Deutsch*
be	was/were	been	*sein*
begin	began	begun	*beginnen*
blow	blew	blown	*wehen, blasen*
break	broke	broken	*brechen*
bring	brought	brought	*bringen*
build	built	built	*bauen*
buy	bought	bought	*kaufen*
catch	caught	caught	*fangen*
choose	chose	chosen	*wählen*
come	came	come	*kommen*
cut	cut	cut	*schneiden*
do	did	done	*tun*
draw	drew	drawn	*zeichnen*
drink	drank	drunk	*trinken*
drive	drove	driven	*fahren*
eat	ate	eaten	*essen*
fall	fell	fallen	*fallen*
feed	fed	fed	*füttern*
feel	felt	felt	*fühlen*
find	found	found	*finden*
fly	flew	flown	*fliegen*
get	got	got	*bekommen*
give	gave	given	*geben*
go	went	gone	*gehen*
grow	grew	grown	*wachsen*
hang	hung	hung	*hängen*
have	had	had	*haben*
hear	heard	heard	*hören*
hit	hit	hit	*schlagen*
hold	held	held	*halten*
keep	kept	kept	*halten*
know	knew	known	*wissen*

Infinitive	**Simple Past**	**Past Participle**	***Deutsch***
lay	laid	laid	*legen*
leave	left	left	*verlassen*
let	let	let	*lassen*
lie	lay	lain	*liegen*
lose	lost	lost	*verlieren*
make	made	made	*machen*
meet	met	met	*treffen*
pay	paid	paid	*bezahlen*
put	put	put	*stellen/setzen*
read	read	read	*lesen*
ring	rang	rung	*läuten/anrufen*
run	ran	run	*rennen*
say	said	said	*sagen*
see	saw	seen	*sehen*
send	sent	sent	*schicken*
show	showed	shown	*zeigen*
sing	sang	sung	*singen*
sit	sat	sat	*sitzen*
sleep	slept	slept	*schlafen*
smell	smelled/smelt	smelled/smelt	*riechen*
speak	spoke	spoken	*sprechen*
spend	spent	spent	*ausgeben/ verbringen*
stand	stood	stood	*stehen*
steal	stole	stolen	*stehlen*
swim	swam	swum	*schwimmen*
take	took	taken	*nehmen*
teach	taught	taught	*lehren*
tell	told	told	*erzählen*
think	thought	thought	*denken*
throw	threw	thrown	*werfen*
wake	woke	woken	*aufwachen*
wear	wore	worn	*tragen*
win	won	won	*gewinnen*
write	wrote	written	*schreiben*

ÜBUNGSAUFGABEN

Hörverstehen ▪ Übungsaufgabe 1

Baden-Württemberg ▪ Berufliches Gymnasium ▪ Englisch

Renting a house or apartment

Listen to four young people talking about renting a house or apartment. Match each speaker (1 to 4) with one of the statements (A to G) by putting the corresponding letter into the correct box. For each speaker there is only one correct answer. There are three more options than you need.

The speaker …

A was happy that they found a cheap, cosy apartment with a spacious garden and a big office.

B had a problem with the owner of the house and told him they were moving out.

C first thought they found their dream house, but now regrets the decision to move in.

D isn't renting yet and feels as if the situation will never improve.

E did something new by renting out a flat for holiday-makers.

F found a very caring landlord who put a lot of effort into making the apartment homelike before they moved in.

G moved back home in order to be able to afford the high costs of living.

speaker	1	2	3	4
statement				

Lösungen

Transcript Renting a house or apartment

Speaker 1

We saw the ad in the summer, in about July, I think, but we weren't really serious about moving then so we didn't even go and see it. It wasn't until November when they re-advertised it that we got in touch with the agency and had a look. They'd put the price down since the summer too, I suppose because it had been empty so long, so that made it more affordable for us which helped us make up our minds. It was perfect – a bigger garden for the kids and enough space for an office. In winter it was lovely, very cosy, in fact, which is important to me as I really feel the cold, whereas my husband will open a window when it's minus temperatures outside! Anyway, in July when summer really started and we had that heatwave, we understood why no one had wanted to rent it over summer. It was boiling! All those lovely big windows that made the flat so light and open were like a greenhouse as soon as it got warmer. From about 8 in the morning until 7 in the evening, it was like living in a sauna! We couldn't stand being at home, and weekends were especially bad. No air conditioning, of course. If only we'd gone to see it when it was first advertised in July, we'd never have moved in!

Speaker 2

I always rent apartments when I go on holiday, rather than staying in hotels. Hotels are so impersonal, aren't they? This way you get to feel like you really live in the place you're visiting. It's the first time I've done it the other way round, though, and rented out my place … but it seemed like a good way of making some extra money. The website is really easy to use and they only charge five per cent commission, which is lower than a lot of the other holiday rental sites. It's all about the photos and the reviews. Get the photos right and the place can look really upmarket and spacious, but you don't want to make it look too much better than it really is or you end up with a bad review. It's better to undersell and overdeliver so guests are pleasantly surprised and leave an extra positive review. So far, I'm averaging three stars because of one bad review that brought my average down from four and a half stars, but hopefully I'll get it back up during the busy season.

Speaker 3

Buying a house seems so far out of my reach it's almost impossible, as it is for loads of people my age these days. My parents always told me renting was throwing money away, but it was different in their day. Then people could afford to buy a house on a normal salary, but nowadays house prices are so high and no bank will look at you unless you've got a huge deposit. The problem with my dream of buying is that it's never going to come true. Not unless my parents help me out, but I've got two sisters and we're all in the same position. At least they've both got good jobs. Not good enough to buy a house, but at least they can afford to rent places of their own in nice areas. I just don't earn enough to rent around here. Even if I get promoted to manager, it'll be tough to find somewhere unless I share, and call me fussy, but there aren't that many people I want to share a bathroom and kitchen with. Some days I think I'll be stuck living with my parents forever – even renting is like a dream to me.

Speaker 4

At first our landlord was really helpful, couldn't do enough for us. You hear stories of nightmare landlords and we felt like we were really lucky, or so we thought anyway. He redecorated the whole place, from top to bottom, and let us keep all the bills in his name so we didn't have the bother of contacting all the companies ourselves. He even offered to come round and do the gardening as he knew we both worked long hours and might not have time. That's where the problems started now I look back. Then he'd pop round 'just to check everything's OK for you' once a month, then twice a month. Soon he was coming every week with some excuse or other. In the beginning we'd invite him in for tea, but it was only encouraging him, so when we realised, we'd try to have the conversation on the doorstep instead. It got so bad we pretended to be on our way out if we saw him coming up the path. We'd grab our coats and walk round the block until he'd gone. I don't know if he was just lonely or just didn't trust us not to ruin his precious house. In the end we gave our notice and found somewhere else. It's a shame because we really loved that house, but at least it's more peaceful in the new place.

Adapted from: British Council, https://learnenglish.britishcouncil.org/skills/listening/advanced-c1/renting-a-house

TIPP

This task tests your ability to grasp the general content of a text, so you need to pick out the relevant information. Read the statements carefully – in the texts synonyms are used, which may distract you. While listening, do not focus on every single word. Content is often repeated in several ways and with different expressions.

- **zu Speaker 1 – C:** "It was perfect …" (l. 5), "If only we'd gone to see it when it was first advertised in July, we'd never have moved in!" (ll. 13 f.)
  The speaker first mentions her positive impression of the flat (e. g. ll. 6 f.: "bigger garden", "enough space", "cosy"), which could hint at statement A, but later she clearly points out that they "couldn't stand being at home" (ll. 12 f.)
- **zu Speaker 2 – E:** "It's the first time I've done it the other way round, though, and rented out my place …" (ll. 17 f.) Here, the mentioning of "renting out" is the key to the correct solution.

- **zu Speaker 3 – D:** “Some days I think I'll be stuck living with my parents forever – even renting is like a dream to me.” (ll. 37 f.)
  The speaker still seems to live with her parents (“stuck living with my parents”) and does not mention moving back in with them (as in statement G). Moreover, she is not talking about the high costs of living in general (as also mentioned in statement G), but about high rents and the impossibility of buying a house.
- **zu Speaker 4 – B:** “In the end we gave our notice and found somewhere else.” (l. 51) Although the speaker talks about a caring landlord, which could point towards sentence F, he later talks about “problems” (l. 44) and that “it got so bad” (l. 48).

speaker	1	2	3	4
statement	**C**	**E**	**D**	**B**

Floodings in the UK

Listen to the podcast about flooding in the UK by Prof. Carolyn Roberts.
While listening, tick (✓) the correct answer (a, b, c or d).
There is only one correct answer.

1 One main issue which is <u>not</u> mentioned concerning flooding in the UK is …

a ☐ the means to deal with floods.
b ☐ matters of trade and commerce.
c ☐ the financial damage caused by floods.

2 The speaker says that …

a ☐ a combination of human and natural influences causes floods.
b ☐ flooding is only caused by humans.
c ☐ climate change makes floods occur twice a year on average.

3 There are different types of flooding Prof. Roberts mentions. The type of flooding which is most dangerous to humans is …

a ☐ flooding that occurs on the seashore.
b ☐ flooding from rivers.
c ☐ ground water flooding.

4 The event which will most likely affect London is …

a ☐ heavy rainfall flooding the city.
b ☐ the bursting of the flood barriers.
c ☐ ground water pushing to the surface.

5 The statement that describes the impact of a 4 degree change in the atmosphere:

a ☐ floods will be more deadly
b ☐ the outcome of flooding will be more severe
c ☐ the UK will face serious economic damage

6 The objective of this podcast is to …

a ☐ promote further scientific research.

b ☐ explain climate change in general.

c ☐ spread awareness of the connection between floods and global warming.

Lösungen

Transcript Floodings in the UK

The UK has a series of problems associated with flooding. One of them is to do with the physical background of the flooding itself, so the things that are creating the flooding – intense rainfall, high windspeeds in oceans, sea levels, storminess and so on. The other significant element is how we manage it, what we do about managing both the water and the damage that the water creates when it gets into inappropriate places like people's living rooms and so on. The third element is to do with the ways things are shifting as the climate shifts, so that the risks are becoming more intense, particularly in certain parts of the country. So it's a threefold, complex and very wicked problem if you like.

Climate change is part of what we're talking about, flooding is a natural phenomenon – rivers have always overtopped their banks (they never 'burst' their banks or almost never). We have altered the environment very significantly anyway with the things we do, the way we farm, the way we constrain rivers and so on, so it's a mixture of a naturally induced phenomenon (flooding always happens) and the problem of the way we behave in circumstances close to the rivers, close to the coast. […]

There are three [sic] types of flooding that are really important. The most important in terms of the cost and the number of people at risk is undoubtedly flooding from rivers. So the larger rivers – the Ouse in Yorkshire, the Severn, parts of the Thames above London and so on – those are areas of some significance (there are others as well).

The next most significant in terms of economic costs is coastal flooding. And there we're talking about the areas around East Anglia, but also the Thames Estuary and areas of Essex and Kent and some smaller areas in Lincolnshire, but there are isolated areas all over the place where we have vulnerable bits of infrastructure.

And the other important area of flooding is flooding from surface water run-off from urban areas where we got run-off, well actually not just in urban areas, in the fields immediately around urban areas where we got either impermeable surfaces or we got agricultural land that's rather badly managed and generates a lot of run-off. So those are very localised and responsive to intense rain, and all the climate models suggest that's going to happen more frequently. […]

The last kind of flooding actually that has some significance particularly in and around London is ground water flooding – clear water flooding we call it – and that's caused by generally wet periods rather than intense rain but when water levels rise and get into areas where they are not supposed to be. That's a bit more insidious but it's still quite significant actually.

The total costs at the moment are in the billions of pounds a year on average and as we go forward into the future they become even more significant. So it's worth doing something about, I think. […]

Keeping average global temperature changes to around 2 degrees will dramatically avert some of the damage from flooding that would occur should we not be able to do that. Once you start getting to 4 degrees of change you are into much more serious consequences in terms of flooding. As the atmosphere heats up, everything tends to move more quickly – the atmosphere becomes more volatile, the sea level rises, you get more rain storms and so on – at least in the UK where we sit in relation to the position of the jet stream. Other places in the globe will experience things differently, but certainly our experience here in the UK is likely to be one of more extremes, and that's of some consequence.

Carolyn Roberts/Lee Millam: Pod Academy, November 30, 2015. http://podacademy.org/podcasts/the-next-big-flood-britain-underwater/

TIPP

In this task you need to listen for detail and also infer what is meant by the text. It is important that you first read the given tasks and alternatives carefully in order to recognise the correct solution while listening to the text.
In general, many aspects are repeated once or sometimes twice in other words or with examples. This will also help you when parts of the text are mumbled or maybe spoken too fast, so listen closely in order to understand what is said.

- **Zu 1:** The issue here is to be able to understand what is meant by the problems mentioned. Although the speaker talks about the "economic costs" of flooding (l. 20), issues concerning trade and commerce are not mentioned explicitly. You should keep to the actual meaning of the words and not jump to conclusions too fast.
- **Zu 2:** Here it helps to understand technical terms and more sophisticated wording (e. g. "induced" or "circumstances"), but the correct solution can also be found without knowing these phrases: "We have altered the environment very significantly [...] with the things we do, the way we farm, the way we constrain rivers and so on, so it's a mixture of a naturally induced phenomenon (flooding always happens) and the problem of the way we behave in circumstances close to the rivers, close to the coast." (ll. 12 ff.)
- **Zu 3:** You need to choose the type of flooding most dangerous to humans. Other dangers are also mentioned but are not relevant to the task.
"The most important – both in cost terms and the number of people at risk is undoubtedly flooding from rivers." (ll. 16 f.)
- **Zu 4:** Listen closely for the key words "London" and "ground water". "When water levels rise" is rephrased in the task with "ground water pushing to the surface": "The last kind of flooding [...] that has some significance particularly in and around London is ground water flooding [...] and that's caused by generally wet periods rather than intense rain but when water levels rise and get into areas where they are not supposed to be." (ll. 30 ff.)

- **Zu 5:** "Severe" and "serious" can be used as synonyms, but they do not necessarily mean "more deadly" in the sense of more people dying because of flooding. To find the relevant paragraph in the text, listen for the key phrase "4 degrees of change": "Once you start getting to 4 degrees of change you are into much more serious consequences in terms of flooding." (ll. 40 f.)
- **Zu 6:** This task tests your general understanding of what was said. If you are not sure whether you have ticked the correct solution, read the other tasks again and think about what could match the general statements given. This is best done after the second listening.

1 One main issue which is not mentioned concerning flooding in the UK is …

b ☑ matters of trade and commerce.

2 The speaker says that …

a ☑ a combination of human and natural influences causes floods.

3 There are different types of flooding, Prof. Roberts mentions. The type of flooding which is most dangerous to humans is …

b ☑ flooding from rivers.

4 The event which will most likely affect London is …

c ☑ ground water pushing to the surface.

5 The statement that describes the impact of a 4 degree change in the atmosphere:

b ☑ the outcome of flooding will be more severe

6 The objective of this podcast is to …

c ☑ spread awareness of the connection between floods and global warming.

Hörverstehen ▪ Übungsaufgabe 3

Baden-Württemberg ▪ Berufliches Gymnasium ▪ Englisch

Happiness by Design: Finding Pleasure and Purpose in Everyday Life

Listen to the following radio report about finding pleasure and purpose in everyday life. While listening, complete the notes on the points listed on this worksheet. You do not need to write in complete sentences.

1 What happy lives encompass, according to Prof. Dolan:

a ______________________________

b ______________________________

2 Happiness as defined by client 1:

a ______________________________

b ______________________________

3 Two of the things that make client 2 happy:

a ______________________________

b ______________________________

4 Two examples given by Prof. Dolan regarding how we could use our time better:

a ______________________________

b ______________________________

5 Reason why people do not act in the right way to be able to be happy:

____

6 Prof. Dolan's recommendation concerning happiness:

____

Lösungen

Transcript

Happiness by Design: Finding Pleasure and Purpose in Everyday Life

Professor Paul Dolan: For me happiness is in our experiences of life. Things that we feel day to day, moment to moment. And I talk about pleasure and purpose. OK, so my name's Paul Dolan, I'm at London School of Economics and my book is called *Happiness by Design – Finding Pleasure and Purpose in Everyday Life*. So, happy lives are ones that contain some balance; it's not the same for everybody and it's not in equal measure. But some kind of balance between things that we find fun on the one hand and things that we find fulfilling on the other. Well, it is a subjective experience. I think everything ultimately matters because it makes us feel better, so I can describe to you I think the things that I find pleasurable and the things that I find purposeful. And I can also probably give you a good sense of how much I find them pleasurable and how much I find them purposeful. And equally, of course, things that I find painful and things that I find pointless, so I think we are now getting a better insight into the quantitative nature of those elements.

Client 1: Happiness for me is a very ethereal thing, I think. By that I mean that it is very difficult to say what it is, and it can be different, at different stages of my life. But in essence, happiness for me, as I've grown older, is quite a few intangible things, things which make me think that life is worth it, so it's spending time with the people I want to be with, it's not just living from moment to moment but actually just being in the moment and doing the things that are actually most important. So the places that are really important for me, and often, actually, it's later on that you realise the happiest times. Well, I'm getting better at that.

Professor Paul Dolan: We're getting many observations on many people over many years, and there seems to be something sensible coming through from the answers people give us. We get associations with some things that you would expect them to be associated with, you know, poverty makes people miserable but being rich doesn't make people happier. So, you know, there are some nice insights coming through from this data. Time that we spend with other people that makes us feel nice, time spent on trains and on tubes and on buses, not so nice.

Client 2: The things that make me happy are: spending time with my friends and family, going out for dinner, going to watch my football team play football, playing with my cat.

Professor Paul Dolan: Well, I think how we use our time is absolutely critical, it's the scarcest resource we've got, right? The few moments that we've been talking now, or that I've been talking now, are a few moments closer to death and it's time I won't ever get back, so I think it's incumbent on us all to think about how we use that time and just re-orientate some of it away from things that we're finding painful and pointless. And spend a bit more time, you know, with things that we find pleasurable and purposeful which would include spending more time with people that we like being with; would include spending a bit more time outdoors, maybe listening to music, all of these things, I think most of us know if we stop and think for a moment, would make us feel a bit happier. The interesting question is why we don't do more of it? And helping others, too, makes us feel nice, too. So all these things that we would get good feedback for if we paid attention to those experiences, but one of the reasons why we don't do those things more is we don't pay attention to those experiences as much as we might, we tell ourselves big stories about the things that we think should make us happy, buying more stuff, earning more money, the kind of narratives and stories that we tell ourselves or we're told by other people that sometimes deviate us off the path of using our time in those ways that make us happier. […] But I think the important thing is that all of us could be a little bit happier by doing some more of the things that make us feel good. And the critical thing is to design environments that make it easier for us to do those things. You know, if you've got a friend that you want to speak to, plan a time in the diary that you speak to them, the same time every week, and then habits will get formed and automatically you speak to that person without having to think too hard about doing so. So all of us, wherever we start from, I think, can nudge ourselves a little bit happier.

Paul Dolan/Lee Millam: Pod Academy, 5 October 2014. http://podacademy.org/podcasts/happiness-design/

TIPP

In this kind of task you need note-taking skills. First read the tasks carefully in order to know what to listen for and note down. As the information is often given very fast or without further explanation, try not to write down too much but work with graphics, symbols, or pictures. Instead of writing "spending time" you can draw a little clock, and "feeling nice" could be a smiley. This is often faster and more effective. Additionally, do not take notes in German. In the end, it is essential that you write down the information in correct and understandable English. Keep in mind that the tasks follow the chronological order of the listening text.

- **Zu 1:** You only need to concentrate on what Prof. Dolan says: "But some kind of balance between things that we find fun on the one hand and things that we find fulfilling on the other." (ll. 6 f.)
- **Zu 2:** The tricky part here is that client 1 takes some time to say what exactly happiness is for him. Don't let that distract you, and stay focused.
  "[…] happiness for me […] it's spending time with the people I want to be with, it's not just living from moment to moment but actually just being in the moment and doing the things that are actually most important." (ll. 16 ff.)

- **Zu 3:** Here there are more things mentioned than are needed. The problem lies in taking notes fast enough, so do not forget to use pictures, symbols or abbreviations (e. g. fr + fam for "friends and family"). After listening you should be able to write down the solution in whole words.
  "[…] spending time with my friends and family, going out for dinner, going to watch my football team play football, playing with my cat." (ll. 29 ff.)
- **Zu 4:** Again, more examples are stated than asked for. Focus on two of them:
  "[…] I think it's incumbent on us all to think about how we use that time […] which would include spending more time with people that we like being with; would include spending a bit more time outdoors, maybe listening to music […] And helping others, too, makes us feel nice, too." (ll. 35 ff.)
- **Zu 5:** The difficult thing here is to summarise the content in simpler words. It is fine to just give a short description of what Prof. Dolan said:
  "The interesting question is why we don't do more of it? And helping others, too, makes us feel nice, too. So all these things that we would get good feedback for if we paid attention to those experiences, but one of the reasons why we don't do those things more is we don't pay attention to those experiences as much as we might […]" (ll. 41 ff.)
- **Zu 6:** Here, the recommendation asked for is introduced by "the important/the critical thing is …":
  "But I think the important thing is that all of us could be a little bit happier by doing some more of the things that make us feel good. And the critical thing is to design environments that make it easier for us to do those things." (ll. 49 ff.)

1 **a** fun/pleasure (on the one hand)
b things that are fulfilling/purposeful (on the other hand)

2 **a** being in the moment / spending time with the people you want to be with
b doing things that are most important

3 *(any two out of the following:)* spending time with friends and family, going out for dinner, watching a football match, playing with her cat

4 *(any two out of the following:)* spending time on things we find pleasurable and purposeful, spending time with people we like being with, spending time outdoors, listening to music, helping others

5 We don't pay attention to experiences that we get good feedback for or that would make us feel nice.

6 design environments that make it easier for us to do things that make us feel good

Hörverstehen ▪ Übungsaufgabe 4
Baden-Württemberg ▪ Berufliches Gymnasium ▪ Englisch

Journalism and its Audiences

Tess Woodcraft and Prof. Angela Phillips are taking about changes in journalism. While listening, tick (✓) the correct answer (a, b, c or d). There is only one correct answer.

1 Prof. Phillips based her findings on …

a ☐ news reports.
b ☐ a scientific book.
c ☐ young audiences worldwide.

2 One of the changes for journalism nowadays is that …

a ☐ everybody can become a quality journalist.
b ☐ there are more sources available to work with.
c ☐ the power of journalists is deteriorating.

Lösungen

Transcript **Journalism and its Audiences**

Tess Woodcraft (reporter): Hello, this is Pod Academy and I am Tess Woodcraft. Journalism and how we interact with it is changing but what exactly are those changes and do they matter? I caught up with Professor Angela Phillips, author of Journalism in Context, just before she was due to speak at the [...] Future of Journalism conference in Cardiff.

Professor Phillips: I'm interested in the way in which news journalism is changing, and, in particular, how news audiences are changing in relation to changes in the industry. So I've looked at audiences in my book, *Journalism in Context*, but I've also been looking at young audiences ... young news audiences in an international context to see how young people are accessing news.

Tess Woodcraft: So, what's been happening with journalism?

Professor Phillips: Since the rise of the Internet, there have been big changes, not only in how news journalism is produced, but also in how it is consumed. And, these two things are, kind of, in lockstep. At the end of the last century, the beginning of this one, there were a lot of people who were very enthusiastic about the kind of changes. They saw the Internet as being a means of democratising news. They saw audiences being much more involved in news production and they talked about journalists becoming less elitist, more involved in their audiences, and that journalism would become much more of a collaborative process.

Tess Woodcraft: To a certain extent that's happened, hasn't it? We see, for example, the Shoreham Airshow – ordinary people's videos of the crash.

Professor Phillips: In very marginal ways this "prosumer" revolution – the idea of the consumer that also produces – has come to pass, but not in anything like the way in which those web enthusiasts imagined it would. What we have today is people – bystanders with cameras. So, whereas before journalists would have gone and interviewed people about what they saw and it would have been sort of secondary – second-hand information – now if there is a big event like an air crash, like a bombing, there will always be people in the vicinity who have camera phones and will very often put that information into social media where journalists can access it. But actually this doesn't make them journalists, they are still sources. And although that information moves around – might make it on Twitter or on Facebook or on YouTube – most of what happens is that it is curated by journalists who bring it together and construct a narrative around the information and then repackage it in a different place and a different way. So, although one can look ... so, really it is not collaborative. What we're seeing is journalists who in many ways have more power than they used to have – they have the power to find their way into places where they would never, never otherwise have managed to be. The likelihood of a journalist being in the right place at the right time when a bomb goes off are [sic] miniscule. So the difference we have is that we now have access – to pictures in particular –

that we didn't have access to before, but that doesn't really fundamentally change the job of journalists or the relationship between journalist and audience in any way.

Tess Woodcraft/Angela Phillips, Pod Academy, 8 September 2015. http://podacademy.org/podcasts/journalism-and-its-audiences/

TIPP

This task is not easy as you also need to comprehend the general idea behind the listening text. Do not let unnecessary information distract you. Watch out for key words given in the task and mark them before the first listening.

- **Zu 1:** Here, the key words are "based her findings on". Prof. Phillips mentions her book, which contains her findings, but they are based on audiences – and specifically "young audiences … young news audiences": "So I've looked at audiences in my book, *Journalism in Context*, but I've also been looking at young audiences … young news audiences in an international context to see how young people are accessing news." (ll. 8 ff.)
- **Zu 2:** This task is complicated because there is a lengthy gap in the text between this task and the previous one. However, stay focused and try to listen for key words such as "sources" and "journalist". Philips talks about "bystanders with cameras" (l. 25) and "information [moving] around" (l. 31), which is not journalism. The statement that journalists are getting less important is also not correct because Phillips explicitly states that "we're seeing […] journalists who in many ways have more power than they used to have" (ll. 35 f.). That leads to the second statement being the correct one:
  "[…] there will always be people in the vicinity who have camera phones and will very often put that information into social media where journalists can access it." (ll. 28 f.); "So the difference we have is that we now have access – to pictures in particular – that we didn't have access to before […]" (ll. 39 f.)

1 Prof. Phillips based her findings on …

c ☑ young audiences worldwide.

2 One of the changes for journalism nowadays is that …

b ☑ there are more sources available to work with.

Protecting the climate

Listen to six people talking about climate change. Match each speaker (1 to 6) with one of the opinions (A to G) by putting the corresponding letter into the correct box. For each speaker there is only one correct answer. There is one more opinion than you need.

The speaker …

A believes that higher costs would make people change their habits concerning behaviour that is damaging to the environment.

B says politics will adopt measures to deal with the problem of climate change.

C is pointing the finger at individuals who refuse to bear responsibility for their actions.

D blames older generations and their blindness with regard to the future.

E wants politicians to take action but does not think the measures they take are sufficient.

F believes that everybody can do something to live a sustainable life.

G questions the impact an individual has and is against restricting people's freedom.

speaker	1	2	3	4	5	6
opinion						

Lösungen

Transcript Protecting the climate

Speaker 1

For my generation – I'm 17 – climate change is a big issue. My friends and I have been to several demonstrations against man-made global warming. Politicians and law-makers finally need a wake-up call to do more to protect the climate now. I mean, the older generations have lived at our expense! What about the future of the younger generations? We want to live on a planet that's still worth living in! I do hope we can make a difference and manage to change course.

Speaker 2

It worries me to see that the climate is changing at such a fast pace! In my opinion, individuals can do a great deal to contribute to protecting the climate and emitting less CO_2, for example. I live in the city with my family – I'm a mother of two – so it's easy to do without a car – even with two little children. We use public transport, and when we go on holiday we take the train. You'd be surprised how far you can get by railway in Europe – and it can be much more comfortable than flying! We've also met a lot of lovely people on our train journeys – we're still in touch with some of them!

Speaker 3

I'm from the countryside and public transport there is dreadful. So I definitely need my car to get around. I don't know whether you can make a difference as an individual – it's the politicians who have to act. I asked the MP for my constituency to speak up for a regular bus connection to the nearest city, but nothing has been done. There's always a lack of funds. If the government increased its expenditure on rural infra-structure, the number of people who left their car in the garage would rise. That's for sure!

Speaker 4

In my opinion, both individuals and politicians need to act to slow or stop global warm-ing. I only vote for parties that take global warming seriously and support legislation that gives incentives for environmentally friendly behaviour. And why isn't there a tax on jet fuel? If flying got more expensive, maybe fewer people would fly? I, for one, try to fly as little as possible – and what I also do is eat less meat. You know that the methane gas cattle emit contributes a great deal to global warming?

Speaker 5

I don't agree. What difference does it make if some people, say, avoid flying? Other people will take their places. And why should we cut back on our lifestyle? Don't I have the right to fly to Bali in winter when the weather is dreadful here? I can afford it and I just do it. Wouldn't it be unfair to less affluent people if the price of flying increased? They also have the right to fly to Majorca for their summer holidays, for example. And, by the way, if I feel like it, I also treat myself to a juicy steak. I can't make a difference anyway.

Speaker 6

I'm an MP from the south of England. I really understand that an increasing number of citizens are getting more and more impatient with politics as far as global warming is concerned. But I can assure people who are worried that the topic is high on my party's agenda. I know the legislative process can be lengthy and that compromises have to be made, but we're working hard on a ground-breaking legislative package. Both lawmakers and citizens should do their very best to tackle the pressing issue of global warming, however.

TIPP

Here you need to understand the gist of a text, which means that you have to pick out the general information. While listening, do not focus on every single word but listen to key words. Often content is repeated in several ways and with different expressions, but be careful, as synonyms might distract you.

- **zu Speaker 1 – D:** "I mean, the older generations have lived at our expense! What about the future of the younger generations?" (ll. 3 ff.)
  The speaker is pointing a finger at others, which could hint at sentence C. However, she is clearly criticising the older generations as a whole.
- **zu Speaker 2 – F:** "In my opinion, individuals can do a great deal to contribute to protecting the climate and emitting less CO_2, for example." (ll. 7 ff.)
  You might be misled by the mentioning of "individuals", so that you are tempted to choose C. The speaker, however, gives examples which show that she believes everybody can do something.
- **zu Speaker 3 – E:** "[…] it's the politicians who have to act. […] There's always a lack of funds. If the government increased its expenditure on rural infrastructure the number of people who leave their car in the garage would rise." (ll. 16 ff.)
  The speaker mentions politicians, and he criticises them clearly for not doing enough, which does not reflect the positive attitude of statement B. Instead, he points out what should be done by politics.

- **zu Speaker 4 – A:** "And why isn't there a tax on jet fuel? If flying got more expensive, maybe fewer people would fly?" (ll. 23 f.)
  The words "tax" and "more expensive" can be seen as a synonym of "higher costs" in the statement. You should not forget to pay attention to different expressions that mean the same.
- **zu Speaker 5 – G:** "What difference does it make if some people, say, avoid flying? Other people will take their places. And why should we cut back on our lifestyle?" (ll. 27 f.)
  These questions are meant in a rhetorical way and may be distracting, but clearly show the speaker's attitude.
- **zu Speaker 6 – B:** "But I can assure people who are worried that the topic is high on my party's agenda. […] we're working hard on a ground-breaking legislative package." (ll. 36 ff.)
  The speaker is a politician (l. 34: "MP from the south of England", l. 36 f.: "my party"). "Legislative package" is a synonym for "measures", which are mentioned in the correct statement.

speaker	1	2	3	4	5	6
opinion	**D**	**F**	**E**	**A**	**G**	**B**

Robotics

Listen to the following podcast on the topic of robotics. While listening, tick (✓) the correct answer (a, b, c or d). There is only one correct answer.

1 For Alan Winfield, intelligent robotics …

- **a** ☐ are the type of robots used to make cars.
- **b** ☐ is different from what we call "autonomous".
- **c** ☐ can make their own decisions.

2 Autonomous robots …

- **a** ☐ are only toys.
- **b** ☐ can be used as household helpers.
- **c** ☐ are not for individual use at home.

3 Toy robots can be more advanced because …

- **a** ☐ there are less severe consequences in case of failure.
- **b** ☐ they are only a test run for more advanced appliances.
- **c** ☐ they are small enough to test new technologies.

4 One main issue with robotics research today is …

- **a** ☐ making it safe for children.
- **b** ☐ finding out how to improve security.
- **c** ☐ likely to be solved within the next few years.

5 Adam Afriyie is pensive about …

- **a** ☐ whether robots will act ethically or not.
- **b** ☐ how much human interaction robots still need.
- **c** ☐ the scope of allowing robots to make decisions.

6 Mr Afriyie thinks that we require …

- **a** ☐ official manuals for robots.
- **b** ☐ legislation concerning robotics.
- **c** ☐ better computer design.

Lösungen

Transcript Robotics

Alan Winfield: The new kind of robotics that really has not yet made a big impact in society but is on the verge, if you like … on the cusp of making a big impact is called intelligent robotics. So, intelligent robots unlike those old kind of robots that make cars. Intelligent robots are capable of deciding what to do next on their own. The word that we use is "autonomous". So, the … if you like, the autonomous robot industry is new. The best examples of autonomous robots are really, so far, are toys. So, for instance, you know the Sony Aibo, which was the pet robot dog – that was a very good example of an autonomous mobile robot. Of course, I've forgotten the biggest application of autonomous mobile robots, which is, of course, robot vacuum cleaners. Most of those robots that I've just described are not learning. The toy robots do have some learning functions. One of the reasons, of course, the toy robots can be more advanced is because the scope for things going wrong is smaller. In other words, the potential for it to do harm if it does the wrong thing is much smaller than if it's a robot that's driving your car, for instance. So, typically, we find that the more serious and safety-critical the application, then the less the intelligence or the learning. One of the big challenges that we face in the robotics research community is how to figure out how to make intelligence safe; and that's a problem that we haven't yet cracked. We're just beginning to solve that problem but my guess is it'll be another 10 or 20 years before we can really build intelligent robots that we can have good confidence … are both going to do the right thing and equally importantly, not do the wrong thing.

Chandy Nath: Alan Winfield pointed out that the autonomous robots we have today aren't really that bright. So, toy robot dogs, robot vacuum cleaners – but hopefully the technologies demonstrated at the reception which Lord Salisbury just referred to were at the forefront of current research. Now, we've heard how Lord Salisbury was particularly impressed by the robot arm; Adam Afriyie, was there anything at the reception that particularly caught your eye?

Adam Afriyie: What struck me most was actually – and what Alan raises there – which actually was the ethical debate around how far does one allow robots, these new technologies to make decisions? And one of the speakers pointed out that if, for example, you've got assistive living technologies and an iPad, for example, where an older person who needs some support – maybe they've got Alzheimer's … needs some reminders, needs some medical input – how far do we allow that to go before we say … actually people need human interaction. Now I'll pick one example which is actually that, in the computer industry, computer chips actually design the next generation of computer chips. And, in fact, most technologists will admit they actually don't know how these computer chips work anymore because the … other computers have designed them. So, we're already into this vein where actually we may require those laws of robotics that Asimov first came up with to be applied. […]

Chandy Nath, Parliamentary Recording Unit. http://www.parliament.uk/about/podcasts/scienceinparliament/robotics/

TIPP

In this task you need to listen for detail and also infer the message from the text. It is important that you first read the tasks and alternatives carefully in order to find the correct solution while listening to the text. Many aspects are repeated once or sometimes twice in other words or with examples. This will also help you when parts of the text are mumbled or maybe spoken too fast. So listen closely in order to understand what is said.

- **Zu 1:** "[…] intelligent robots unlike those old kind of robots that make cars. Intelligent robots are capable of deciding what to do next on their own." (ll. 3 f.) "Decide" and "make … decisions" have the same meaning. The phrases "on their own" and "their own decisions" also give you a hint.
- **Zu 2:** "The best examples of autonomous robots are really, so far, are toys. So, for instance, […] the Sony Aibo, which was the pet robot dog – that was a very good example of an autonomous mobile robot. […] the biggest application of autonomous mobile robots, which is, of course, robot vacuum cleaners." (ll. 6 ff.)
  The alternative "[…] are only toys" cannot be correct because the speaker talks about different ways of using robots. Toys are just an example. Listen closely and concentrate on the "biggest application", which is "robot vacuum cleaners". This serves as an example of "household helpers".
- **Zu 3:** "One of the reasons, of course, the toy robots can be more advanced is because the scope for things going wrong is smaller." (ll. 11 f.)
  The other alternatives use buzz words to distract you. So listen closely to "things going wrong" ("failure"), which gives you the necessary hint. Moreover, it is repeated in the next sentence: "[…] the potential for it to do harm if it does the wrong thing is much smaller than if it's a robot that's driving your car […]" (ll. 13 f.)
- **Zu 4:** "One of the big challenges that we face in the robotics research community is how to figure out how to make intelligence safe; and that's a problem that we haven't yet cracked." (ll. 16 ff.)
  The task is about "one main issue", so focus on "the big challenges that we face". The task is not about all the other issues mentioned, only the most important one.

- **Zu 5:** "What struck me most was actually [...] the ethical debate around how far does one allow robots, these new technologies to make decisions?" (ll. 28 ff.)
  The expression "ethical debate" is a distractor here, so listen closely and do not jump to the supposedly obvious solution ("act ethically"). Instead, focus on what is actually said, i. e. how far one allows robots to make decisions.
- **Zu 6:** "So, we're already into this vein where actually we may require those laws of robotics that Asimov first came up with to be applied." (ll. 38 f.)
  You do not need to know Asimov's laws to find the correct solution. You should, however, notice the synonymous use of "laws" and "legislation".

1 For Alan Winfield, intelligent robotics …

c ☑ can make their own decisions.

2 Autonomous robots …

b ☑ can be used as household helpers.

3 Toy robots can be more advanced because …

a ☑ there are less severe consequences in case of failure.

4 One main issue with robotics research today is …

b ☑ finding out how to improve security.

5 Adam Afriyie is pensive about …

c ☑ the scope of allowing robots to make decisions.

6 Mr Afriyie thinks that we require …

b ☑ legislation concerning robotics.

Hörverstehen ▪ Übungsaufgabe 7

Baden-Württemberg ▪ Berufliches Gymnasium ▪ Englisch

Brooklyn Film School Located in Working Film Lot

Listen to the following podcast about the Barry Feirstein Graduate School of Cinema. While listening, complete the notes on the points listed on this worksheet. You do not need to write in complete sentences.

1 What is special about the school: (Name two examples)

a ______________________________

b ______________________________

2 Why the school was fortunate: (Name two aspects)

a ______________________________

b ______________________________

3 How the school encourages diversity:

a ______________________________

b ______________________________

4 Examples of what the students like at the school:

a ______________________________

b ______________________________

Transcript — Brooklyn Film School Located in Working Film Lot

Reporter: The Steiner Studio lot is home to the brand new Barry Feirstein Graduate School of Cinema, part of the city university system. It is the only film school in New York that's on a film lot. Unlike other prestigious film schools, the Feirstein school is public and costs a third of the price of a private film school. The instructors are all professionals.

Jonathan Wacks *(director of Feirstein):* We had the good fortune to be able to build this from the ground up. So the whole building is brand new, the facility was purpose-built for a film school, and all the equipment is brand new, the students are brand new, the faculty, the whole thing was very, very carefully and consciously designed to be a 21st-century film school.

Reporter: New York City contributed about $7 million for construction and scholarships. City officials say the goal is for a world class school that reflects New York's population.

Luis Castro *(NYC acting commissioner for Media and Entertainment):* If you take a look at their student body, right now about half of the students are women. This first incoming class, about 45 % are from under-represented backgrounds. So, it's a real testament to the school's commitment to helping diversify the industry.

Reporter: Professor Sarah Cawly praises the students' drive and enthusiasm.

Sarah Cawly: I'm not having to whip them up at all. I'm having to guide them and to train them to professional procedures but they're already bringing a lot of enthusiasm to the task.

Ryan Emanuel *(student):* My goal is to be a cinematographer. And the reason why I came here, to Feirstein, is to get a very well-rounded education on how to work both in independent productions and also studio productions.

Rose Haas *(student):* I was working in theatre a lot before I came here. And I really liked … I really like just being in the room with actors and helping create a performance.

Reporter: With the school on the lot, the students are surrounded by professionals making movies.

Jonathan Wacks *(director of Feirstein):* The whole place has got, you know, is packed with trucks and professionals and people going about their business making movies. It creates a, I think, a fantastic atmosphere in which to study film.

Reporter: Doug Steiner, who helped bring the school to his production line, is now looking forward to next year when he hopes to add a media programme from Pittsburgh's Carnegie Mellon University. Bernard Shusman, VOA News, Steiner Studio, Brooklyn, New York.

Bernard Shusman, "Brooklyn Film School Located in Working Film Lot". In: Voice of America News, 6 November 2015.

TIPP

Here you need note-taking skills. First read the tasks carefully in order to know what to listen for and note down. As the information is often given fast or without further explanation, try not to write down too much but work with graphics, symbols, or pictures. This is often faster and more effective. Additionally, do not take notes in German. In the end, it is essential that you write down the information in correct and understandable English.

- **Zu 1:** "It is the only film school in New York that's on a film lot. Unlike other prestigious film schools, the Feirstein school is public and costs a third of the price of a private film school." (ll. 2 ff.)
  Two expressions will give you a hint here: "the only film school", "unlike other". They will help you figure out the correct two aspects. Moreover, there is a third aspect ("costs a third of the price of a private film school") in case you overheard one of the others.
- **Zu 2:** "We had the good fortune to be able to build this from the ground up. So the whole building is brand new, the facility was purpose-built for a film school, and all the equipment is brand new, the students are brand new, the faculty, the whole thing was very, very carefully and consciously designed to be a 21st-century film school." (ll. 6 ff.)
  There are several aspects mentioned after "We had the good fortune to [...]". Focus on two of them to write them down correctly.
- **Zu 3:** "[...] right now about half of the students are women. This first incoming class, about 45 % are from under-represented backgrounds. So, it's a real testament to the school's commitment to helping diversify the industry." (ll. 15 ff.)
  The key words here are "diversity" in the task and "diversify" in the text.
- **Zu 4:** "And the reason why I came here, to Feirstein, is to get a very well-rounded education on how to work both in independent productions and also studio productions." (ll. 22 ff.), "I really like just being in the room with actors and helping create a performance." (l. 26)
  Listen closely to the different speakers and you might find out who is a student and who is not. This will help you get examples of what students like at the school, introduced by phrases like "the reason why I came here" or "I really like".

1 **a** it is on a film lot / on the premises of a film lot
b it is public / it costs much less than private schools

2 **a** facility purpose-built (for a film school) / specifically designed to be a film school
b brand new building and equipment / everything brand new (building, equipment, students, teachers)

3 a half of the students are female/women
b 45 %/many students from under-represented backgrounds/from minorities

4 a well-rounded education (work on independent as well as studio productions)
b being together with actors

Hörverstehen ▪ Übungsaufgabe 8

Baden-Württemberg ▪ Berufliches Gymnasium ▪ Englisch

Most Adolescents Do Not Exercise Enough to Stay Healthy

Listen to a podcast which deals with a survey about teenagers' physical activity. While listening, tick (✓) the correct answer (a, b, c or d). There is only one correct answer.

1 A WHO study says that …

- **a** ☐ the gender gap as far as physical activity is concerned is negligible.
- **b** ☐ it is not important what kind of daily exercise you do to stay fit.
- **c** ☐ young people should play more.

2 The study does not say that physical workouts have an effect on …

- **a** ☐ emotional intelligence.
- **b** ☐ intellectual abilities.
- **c** ☐ social skills.

Lösungen

Transcript — Most Adolescents Do Not Exercise Enough to Stay Healthy

A report finds most adolescents around the world do not get enough physical activity on a daily basis to be healthy and to stay healthy as adults. This World Health Organization study presents the first-ever global estimates of insufficient physical activity among adolescents ages 11 to 17. Data for this study was collected from 1.6 million adolescents across 146 countries. It finds girls were less active than boys in all but four countries – Tonga, Samoa, Afghanistan and Zambia. The report says the biggest gender gaps are seen in the United States and Ireland where 15 percent more girls than boys were physically inactive. The World Health Organization recommends adolescents do moderate or vigorous exercises for one hour every day of the week to stay fit. Regina Guthold is a scientist in the WHO's Department of Maternal, Newborn, Child and Adolescent Health, and lead author of the study. She says the 60-minute workouts can be split into three segments of 20 minutes a day for health benefits to kick in. She also points out that adolescents get better heart health and that they have better respiratory fitness. They have better cognitive function too – easier learning – and they have better pro-social behavior. And, it is likely that the benefits track into adulthood, meaning that active adolescents are likely to be active adults and then they get the health benefits as adults as well. Guthold says any kind of physical activity is good. This could include walking or biking to school, team sports, dancing, active domestic chores, physical education and planned exercise. The study finds young people everywhere in the world do not exercise enough. Data shows that 85 percent of girls and 78 percent of boys do not meet the current WHO recommendations of at least one hour of physical activity a day. The co-author of the study, Leanne Riley, cites some of the causes behind this high level of inactivity. She says we have had this electronic revolution that seems to have changed adolescents' movement patterns and encourages them to sit more, to be less active, to drive more, walk less, be less active in general and then be more involved in digital play rather than active play. The WHO says schools should encourage physical education and get students to be more active in competitive and non-competitive sports. It recommends city and community leaders should create paths for young people to walk and cycle safely and independently. It says urban planning also has a big role to play in designing safer recreational play areas in parks for young people.

Lisa Schlein, "Most Adolescents Do Not Exercise Enough to Stay Healthy, Study Finds". In: Voice of America News, 12 November 2019

TIPP

This task is not easy as you also need to comprehend the general idea behind the listening text. Do not let unnecessary information distract you. Watch out for key words given in the task and mark them before the first listening.

- **Zu 1:** "Guthold says any kind of physical activity is good. This could include walking or biking to school, team sports, dancing, active domestic chores, physical education and planned exercise." (ll. 17 ff.)
  From the findings of the study you can easily infer that physical exercise is important for adolescents, no matter what kind of activity it is. You could also conclude from the text that young people should play more, but this is not specific enough (e. g. team sports?) and not explicitly mentioned. It is also not said that the gender gap is too small to be paid attention to.
- **Zu 2:** " […] they have better respiratory fitness. They have better cognitive function too – easier learning – and they have better pro-social behavior." (ll. 13 ff.)
  The task requires an aspect that is not mentioned in connection with physical workouts. Listen closely, as the aspects that are relevant are described with different words in the text: "intellectual abilities" = "cognitive function", "pro-social behavior" = "social skills".

1 A WHO study says that …

b ☑ it is not important what kind of daily exercise you do to stay fit.

2 The study does not say that physical workouts have an effect on …

a ☑ emotional intelligence.

Leseverstehen und Textproduktion ▪ Übungsaufgabe 1

Baden-Württemberg ▪ Berufliches Gymnasium ▪ Englisch

LESEVERSTEHEN

10 VP

Text — How government policy exacerbates hurricanes like Harvey

As if global warming were not enough of a threat, poor planning and unwise subsidies make floods worse.

The extent of the devastation will become clear only when the floodwater recedes, leaving ruined cars, filthy mud-choked houses and the bloated corpses of the drowned. [...] with the rain pounding South Texas for the sixth day, Hurricane Harvey [...] set records as America's most severe deluge. In Houston it drenched Harris County in over 4.5 trn litres of water in just 100 hours – enough rainfall to cover an eight-year-old child. The fate of America's fourth-largest city holds the world's attention, but it is hardly alone. In India, Bangladesh and Nepal, at least 1,200 people have died, and millions have been left homeless by this year's monsoon floods. Last month torrential rains caused a mudslide in Sierra Leone that killed over 1,000 – though the exact toll will never be known. Around the world, governments are grappling with the threat from floods. This will ultimately be about dealing with climate change. Just as important is correcting short-sighted government policy and the perverse incentives that make flooding worse.

The overwhelming good news is that storms and flooding have caused far fewer deaths in recent decades, thanks to better warning systems and the construction of levees, ditches and shelters. The cyclone that struck Bangladesh in 1970 killed 300,000–500,000 people; the most recent severe one, in 2007, killed 4,234. The bad news is that storms and floods still account for almost three-quarters of weather-related disasters, and they are becoming more common. According to the Munich Re, a reinsurer, their number around the world has increased from about 200 in 1980 to over 600 last year. Harvey was the third "500-year" storm to strike Houston since 1979.

At the same time, floods and storms are also becoming more costly. By one estimate, three times as many people were living in houses threatened by hurricanes in 2010 as in 1970, and the number is expected to grow as still more people move to coastal cities. The UN reckons that, in the 20 years to 2015, storms and floods caused $ 1.7 trn of destruction; the World Health Organisation estimates that, in real terms, the global cost of hurricane damage is rising by 6 % a year. Flood losses in Europe are predicted to increase fivefold by 2050.

One cause is global warming. The frequency and severity of hurricanes vary naturally – America has seen unusually few in the past decade. Yet the underlying global trend is what you would expect from climate change. Warmer seas evaporate faster and warmer air can hold more water vapour, which releases energy when it condenses inside a weather system, feeding the violence of storms and the intensity of deluges. Rising sea levels, predicted to be especially marked in the Gulf of Mexico, exacerbate storm surges, adding to the flooding. Harvey was unusually devastating because it suddenly gained strength before it made landfall [...]; it then stayed put, dumping its rain on Houston before returning to the Gulf. Again, that is consistent with models of a warmer world.

Poor planning bears even more blame. Houston, which has almost no restrictions on land-use, is an extreme example of what can go wrong. Although a light touch has enabled developers to cater to the city's rapid growth – 1.8 m extra inhabitants since 2000 – it has also led to concrete being laid over vast areas of coastal prairie that used to absorb the rain. According to the Texas Tribune and ProPublica, a charity that finances investigative journalism, since 2010 Harris County has allowed more than 8,600 buildings to be put up inside 100-year floodplains, where floods have a 1 % chance of occurring in any year. Developers are supposed to build ponds to hold run-off water that would have soaked into undeveloped land, but the rules are poorly enforced. Because the maps are not kept up to date, properties supposedly outside the 100-year floodplain are being flooded repeatedly. [...]

What to do? Flooding strengthens the case for minimising climate change, which threatens to make wet places wetter and storms stormier. Even those who doubt the science would do well to see action as an insurance policy that pays out if the case is proven. However, that will not happen fast, even if all countries, including America, sign up to international agreements. More immediately, therefore, politicians can learn from Houston. Cities need to protect flood defences and <u>catchment areas</u>, such as the wetlands around Kolkata and the lakes in and around Pokhara in Nepal, whose value is becoming clear. Flood maps need to be up to date. Civil engineers, often starved of funds and strangled by bureaucracy, should be building and reinforcing levees and reservoirs now, before it is too late. The <u>NFIP</u> should start to charge market premiums and developing countries should sell <u>catastrophe bonds</u>. All this is a test of government, of foresight and the ability to withstand the lobbying of homeowners and developers. But politicians and officials who fail the test need to realise that, sooner or later, they will wake up to a Hurricane Harvey of their own. *(855 words)*

Annotations

line 6: *Harris County:* county located in the U.S. state of Texas
line 7: *trn:* abbreviation for trillion
line 18: *levee:* a low wall built at the side of a river to prevent it from flooding
line 21: *Munich Re:* Munich Reinsurance Company
line 57: *catchment area:* the area from which rain flows into a particular river or lake
line 61: *NFIP:* National Flood Insurance Program
line 62: *catastrophe bond:* insurance against catastrophe and natural disaster risks

Read the ten statements and say whether they are true or false. Give quotations from the text to support your decision and also add the corresponding **line number(s)**. Make sure you **only quote the most relevant part(s) of the sentence(s)**.

1 Hurricane Harvey has brought more rain to the USA than any other tropical cyclone before.

2 In many countries governments have successfully dealt with inundations.

3 Storms and floods kill fewer people today and are also less frequent than in the past.

4 Floods and storms will cause more damage because more people move into flood-risk areas.

5 The WHO predicts an annual 6 % rise in hurricane damage on US coasts.

6 The increase of water in the oceans contributes to the development of hurricanes.

7 Houston lost natural draining capacity because green spaces were built over.

8 New regulations are put into force to build ponds which can soak up flood water.

9 Today civil engineers often cannot take the necessary precautions because of lack of funds and over-regulation.

10 Governments are under pressure from homeowners and developers.

TEXTPRODUKTION

40 VP

Bearbeiten Sie Aufgabe 1 **und** Aufgabe 2.

Aufgabe 1: Text-based composition

6 VP Inhalt / 9 VP Sprache

"Flooding strengthens the case for minimising climate change, which threatens to make places wetter and storms stormier." (ll. 52/53)
Explain the quotation in relation to the text and then sum up the author's recommendations to prevent or reduce the disastrous consequences of flooding.

Aufgabe 2: Composition

10 VP Inhalt / 15 VP Sprache

Bearbeiten Sie **eine** der beiden folgenden Aufgaben:

2a Although there is sufficient scientific proof for global warming, there are people who doubt these findings and deny that a change of lifestyle is necessary. Discuss what individuals can do to reduce their ecological footprint.

or

2b The influence and popularity of social media can be a threat to open, democratic societies. Comment on this statement.

LESEVERSTEHEN

TIPP

- **Zu 1:** Der tropische Wirbelsturm Harvey verursachte die bisher schlimmsten Überflutungen in den USA.
- **Zu 2:** Regierungen auf der ganzen Welt kämpfen gegen die Bedrohung durch Überflutungen, haben das Problem aber noch nicht im Griff.
- **Zu 3:** Zwar fordern Stürme und Überflutungen weniger Todesopfer (vgl. Z. 16/17), doch die Häufigkeit dieser extremen Wetterereignisse nimmt zu.
- **Zu 4:** Immer mehr Menschen ziehen in von Wirbelstürmen bedrohte Gebiete, z. B. in Küstenstädte.
- **Zu 5:** Die Vorhersage der WHO bezieht sich auf die Kosten weltweit.
- **Zu 6:** Steigende Meeresspiegel tragen nicht zur Entstehung von Wirbelstürmen bei, sondern von Sturmfluten.
- **Zu 7:** Die Stadt hat erlaubt, Überflutungsgebiete zu bebauen, um angesichts der steigenden Einwohnerzahl mehr Siedlungsfläche zu schaffen.
- **Zu 8:** Die Vorschrift, Rückhaltebecken zu bauen, wird kaum durchgesetzt.
- **Zu 9:** Mangelnde Finanzierung und ein Zuviel an Bürokratie verhindern oft die nötigen Sicherheitsmaßnahmen.
- **Zu 10:** Die Regierungen sehen sich dem Druck und der Einflussnahme von Hausbesitzern und Bauunternehmern ausgesetzt.

1 **true:** ll. 5/6: "Hurricane Harvey [...] set records as America's most severe deluge."

2 **false:** ll. 12/13: "Around the world, governments are grappling with the threat from floods."

3 **false:** ll. 20/21: "storms and floods still account for almost three-quarters of weather-related disasters, and they are becoming more common."

4 **true:** ll. 26/27: "still more people move to coastal cities."

5 **false:** l. 29: "the global cost of hurricane damage is rising by 6 % a year."

6 **false:** ll. 36/37: "Rising sea levels [...] exacerbate storm surges"

7 **true:** ll. 44/45: "concrete being laid over vast areas of coastal prairie that used to absorb the rain."

8 **false:** ll. 48–50: "supposed to build ponds to hold run-off water that would have soaked into undeveloped land, but the rules are poorly enforced."

9 **true:** ll. 59/60: "Civil engineers, often starved of funds and strangled by bureaucracy"

10 **true:** ll. 62–64: "test of government, [...] and the ability to withstand the lobbying of homeowners and developers."

TEXTPRODUKTION

Aufgabe 1: Text-based composition

TIPP

The key points are:

- introduction (relation to the text):
  inundations linked to global warming → appeal: steps must be taken to reduce the danger of extreme weather conditions
- main part:
  author's recommendations to prevent or reduce consequences of flooding:
  - protection of catchment areas
  - updating flood maps
  - building and reinforcing levees
  - financial incentives
  - no planning permission for flood plains
- conclusion: governments have pledged to tackle the issue, but author not so optimistic that politicians and officials will act accordingly

According to the quotation, inundations are linked to global warming. The severe flooding in the southern states of the USA proves the point of environmentalists and climatologists who demand that steps be taken to reduce the impact of climate change (cf. l. 52). If we do not act now, global warming will lead to more weather-related disasters, such as excessive rainfall, and heavy storms will increase.
Which measures should be taken, according to the author, to prevent or minimise the damage caused by inundations?
The author puts forward a number of proposals for flood prevention. Measures have already been taken in several regions of the world to this end ("better warning systems", construction of "levees, ditches and shelters", ll. 17/18). However, the author argues that further measures are required. First of all, "flood defences and catchment areas" (l. 57) must be protected. This means, houses should not be built in areas of land, especially near rivers, where excess water resulting from extreme rainfall can be

collected and drained away. In addition, "flood maps need to be up to date" (l. 59) and levees must be built and reinforced (ll. 60/61) in time. To minimise the financial cost, the author also suggests that developing countries should sell "catastrophe bonds" (l. 62), a type of insurance to cover damage caused by natural disasters. Finally, councils and authorities should "withstand the lobbying of homeowners and developers" (ll. 63/64) and not allow planning permission for floodplains.
Although governments from all parts of the world have pledged to fight global warming, the author is not very optimistic and strongly advises politicians and officials to adopt the measures above so as not to face much bigger problems themselves in the future. *(284 words)*

Aufgabe 2: Composition

a **TIPP**

The key points are:

- introduction: global warming is a topical issue; human beings responsible: must change lifestyle, but sceptics deny climate change
- main part: measures to reduce one's ecological footprint:
  - save energy by using energy-efficient household appliances, insulate houses properly and reduce air-conditioning, use green power
  - save water and energy: shorter showers, no hot baths
  - reduce waste: use less packing and plastic materials
  - reduce exhaust from vehicles
  - offset carbon footprint when travelling
  - eat less meat
- conclusion: suggestions to reduce ecological footprint are realistic, however doubtful whether they will be put into practice by many people

In numerous conferences political leaders from nearly all countries of the world have been focusing their attention on the issue of global warming. Progress in containing environmental damage has been slowed down by sceptics who argue that the earth's climate has always been in flux even without human interference. However, scientific research indicates that human beings are responsible for the warming of the earth and that it is time to stop this trend. Environmentalists argue that each and every one of us is accountable, and instead of waiting for a future solution on a greater scale, each individual should rethink their own lifestyle and make it more environmentally friendly. What can individuals, therefore, do to reduce their ecological footprint?
People in rich, industrialised countries waste a lot of energy, which is often generated in coal-fired power plants. They could help the planet by consuming less electricity in their homes, for example. In the first place, one should buy and use only household appliances which are energy-efficient. Houses must be insulated properly to avoid

energy waste when heating the home in winter and cooling it in summer. Air-conditioning systems, in particular, are among the biggest consumers of energy. In addition, using green power from renewable resources also helps reduce carbon dioxide emissions.
Drought is one of the most serious consequences of global warming. In many developing countries, for example, water scarcity has become an urgent problem. Therefore, it is necessary to economise on the consumption of this most valuable resource for life. Even in parts of the world where there is still plenty of water, such as in Germany, saving water can have a positive effect on the climate. It is better, for example, to take a short shower than to take a hot bath as heating water requires energy, which is often generated from climate-damaging resources.
Another way of making one's lifestyle more environmentally friendly is to use less packaging. In many cases wrappings are not necessary but just a waste of money and resources such as energy, paper, cardboard and dyes. People in industrialised countries produce such large amounts of refuse that waste management has become a real problem, especially the disposal of plastic materials. Bags, bottles, food containers, cups and all sorts of plastic pieces are often dumped into the sea causing ocean pollution and endangering marine life.
Vehicle emissions are a major source of pollution causing diseases such as asthma and bronchitis. To reduce the number of cars on the roads several cities are thinking about banning certain types of vehicles, in particular diesel cars, from driving into city centres. To avoid these measures, people could reduce individual journeys to work by forming car pools, for example, or using public transport.
Global tourism is also closely linked to climate change. Moving masses of people by plane contributes significantly to the increasing concentration of greenhouse gases in the atmosphere. To offset their carbon footprint tourists should consider reducing the number of flights they take or at least paying money to environmental projects to compensate for the damage caused.
Last but not least, people should try to eat less meat because producing meat uses up a lot of energy, and meat producing companies are often responsible for deforestation. In Brazil, for example, the rain forest is disappearing because farmers are claiming the land for grazing cattle. Cutting and burning these forests damages the land and destroys habitat, but most of all, the rainforest is essential to capture and store CO_2. Apart from that, the cattle emit methane, a climate-damaging gas.
In my view, all these suggestions for people to reduce their ecological footprint are realistic and can be put into practice. I am also sure that most of us know what we could do to protect the climate. However, it seems doubtful that consumers in the West can easily be convinced to give up some of their comfort or pay more for their food. Nevertheless, we should always keep in mind that a great deal of the advantages we enjoy often come at the cost of people in poorer countries. It is utterly deplorable and unfair when those suffer who have done the least to damage our environment.

(699 words)

b **TIPP**

The key points are:

- introduction: initially positive image of social media replaced by negative effects
- main part: social media regarded as a threat to democratic societies:
  - users: filter bubble due to algorithms; acting on incomplete knowledge, spreading opinions instead of facts; discussions get out of hand: hate posts, split in society
  - "post-factual society"; interference in elections; misuse of user data
- conclusion: reputation of social media has become tarnished, stricter controls necessary

When it first appeared, social media was hailed as promoting democracy by enabling users to organise protests against dictatorial regimes, for example. What initially seemed to be mostly positive, gradually became somewhat negative, and now many observers regard it as a threat to democratic societies.

Warning voices have claimed that social media, instead of promoting diverse views, polarises and splits society. As social media services use algorithms to filter the mass of information and personalise it according to the users' preferences, the users are caught in a "filter bubble" which tends not to confront them with diverse opinions. It has also become apparent that many social media users tend to spread rumours, judgements and opinions rather than facts and, thereby, influence and reinforce the opinions or prejudices of other users. Users often join a discussion although they are not affected by the problem in question or do not know anything about the matter. They merely want to act and be considered important. An exchange of views, especially on a sensitive topic such as migration, soon gets out of hand and becomes nasty. People with divergent opinions are discredited or scorned and inundated with hate posts. On the Internet, a vociferous minority of users abandons any human decency or online etiquette.

Sociologists have also observed that we live in a "post-factual society", where unbiased information and expert research or knowledge are dismissed, and public opinion is shaped by appeals to emotion and personal beliefs. Even more disturbing are the findings that in the political arena, leaders and officials often ignore or deliberately distort facts. What they sell as "alternative facts", is in reality a set of lies. Social media platforms are used to publish inaccurate information and fake news in order to massively and often surreptitiously influence the views of a great number of people. There is evidence, for example, that social media has been manipulated to influence voter decisions in elections, as happened in 2016 during the US presidential election campaign when Russia tried to influence American voters via social media.

In addition to the issues mentioned above, Internet services are too careless with the storage of users' private information and sensitive data, which is even made available to commercial companies, political parties or lobby groups. There is some evidence that data analysis firms have used people's networking profiles for political campaigning or to manipulate opinions and voting decisions.

All in all, the reputation of social media sites, and Facebook, in particular, has been tarnished by fake news scandals, the spread of extremist propaganda and child safety issues. Therefore, more and more people want politicians to act and introduce stricter controls in order to prevent misuse and further damage to our open, democratic society.

(454 words)

LESEVERSTEHEN

10 VP

Text **The walled world of work**
Youth unemployment is a massive waste of resources.

Cristina Fonseca caught pneumonia a week before her final exams. "I thought I would die," she recalls. When she recovered, she reassessed her priorities. As a star computer scientist, she had lots of job offers, but she turned them all down. "I realised that I didn't want to spend my life doing anything that was not really worthwhile." She decided to start her own business. After a year of false starts she co-founded a company called Talkdesk, which helps other firms set up call centres. By using its software, clients can have one up and running in five minutes, she claims. Ms Fonseca's success helps explain why some people are optimistic about the millennial generation in the workplace. At 28, she is providing a completely new service in support of another service that did not exist until quite recently. She lives in Portugal but does business all over the globe. […]

Elite youth today are multilingual, global-minded and digitally native; few can remember life before the internet or imagine how anyone coped without it. The best-known of them changed the world before they turned 30, including Facebook's Mark Zuckerberg, Google's Sergey Brin and Larry Page, and Instagram's Kevin Systrom. The global economy works well for such people. Digital startups require far less capital than, say, building a factory, and a brilliant piece of software can be distributed to millions at minimal cost. So today's <u>whippersnappers</u> of great wealth have made their money much faster than the Rockefellers and Carnegies of old. But the world of work has been less kind to other young folk. Florence Moreau, a young architect in Paris, had the double misfortune to leave university in 2009, when the world economy was on its knees; and to be French. "I really need a full-time, permanent job," she says. Under France's 3,800-page labour code, workers on permanent contracts receive generous benefits and are extremely hard to get rid of. So French firms have all but stopped hiring permanent staff: four-fifths of new employees are on short-term contracts. Ms Moreau has had eight jobs, none lasting for longer than 16 months. With a small child at home, she has to keep looking for the next one. "It's tiring," she sighs. One employer suggested that she should become an "entrepreneur", doing the same job as before but as a contractor, so that the firm could keep her on indefinitely without incurring heavy <u>ancillary</u> costs. She refused.

[…] Youth unemployment in France (using the <u>ILO</u> definition of youth as 15–24-year-olds) is 25 % and has been scandalously high for three decades. Occasionally the government tinkers with labour rules, but voters have little appetite for serious reform.

Ms Moreau rejects the idea that insiders enjoy too many legal protections, and that this is why outsiders find it so hard to break in. She blames exploitative employers, and doubts that any government, left or right, will fix the problem. Rigid labour rules are tougher on young workers than older ones. People without much experience find it harder to demonstrate that they are worth employing. And when companies know they cannot easily get rid of duds, they become reluctant to hire anyone at all. This is especially true when the economy is not growing fast and they have to bear the huge fixed cost of all the older permanent employees they took on in easier times. […]

Joblessness matters for several reasons. First, it is miserable for those concerned. Second, it is a waste of human potential. Time spent e-mailing CVs or lying dejected on the sofa is time not spent fixing boilers, laying cables or building a business. Third, it is fiscally ruinous. If the young cannot get a foot on the career ladder, it is hard to see how in time they will be able to support the swelling number of pensioners. Fourth, joblessness can become self-perpetuating. The longer people are out of work, the more their skills and their self-confidence atrophy, the less appealing they look to potential employers and the more likely they are to give up and subsist on the dole.

This "scarring" effect is worse if you are jobless when young, perhaps because that is when work habits become ingrained. Thomas Mroz of the University of North Carolina, Chapel Hill, and Tim Savage of Welch Consulting found that someone who is jobless for a mere six months at the age of 22 will earn 8 % less at 23 than he otherwise would have done. Paul Gregg and Emma Tominey of the University of Bristol found that men who were jobless in their youth earn 13–21 % less at age 42. And David Bell of the University of Stirling and David Blanchflower of Dartmouth College found that people who were unemployed in their early 20s are less happy than expected even at the age of 50. "The first ten years are essential. They shape careers in the long term," says Stefano Scarpetta of the OECD, a think-tank for mostly rich countries. This is when people develop the soft skills that they do not pick up at school, such as conscientiousness, punctuality and teamwork. *(857 words)*

Annotations

line 18: *whippersnapper:* a young, overconfident person
line 30: *ancillary:* extra, additional (expenses)
line 31: *ILO:* International Labour Organization; a United Nations agency dealing with labour problems
line 39: *dud:* failure, loser
line 48: *to atrophy:* shrink, become weaker
line 51: *ingrained:* deep-rooted, deep-seated

Read the ten statements and say whether they are true or false. Give quotations from the text to support your decision and also add the corresponding **line number(s)**. Make sure you **only quote the most relevant part(s) of the sentence(s)**.

1 Although Cristina was a qualified computer specialist, she could not find a job.

2 After trying out different jobs unsuccessfully, Cristina now works in a call center.

3 Highly qualified young people speak several languages and are open-minded but lack digital knowledge.

4 Most French employers have chosen to give new workers contracts on a temporary basis only.

5 Florence was advised to work for a firm as a self-employed employee, which would save the company money.

6 The French public demands a fundamental reform of labour rules.

7 Ms Moreau thinks the rigid rules about dismissing permanent employees make it too difficult for newcomers to find work.

8 If it is almost impossible for employers to dismiss incapable workers, they refrain from hiring new ones.

9 When workers are jobless for too long, they often stop applying for work.

10 Youth unemployment does not have a negative influence on people's contentment in later life.

TEXTPRODUKTION

40 VP

Bearbeiten Sie Aufgabe 1 **und** Aufgabe 2.

Aufgabe 1: Text-based composition

6 VP Inhalt / 9 VP Sprache

"Joblessness matters for several reasons. First, it is miserable for those concerned. Second, it is a waste of human potential." (ll. 42/43)
Explain the quotation with reference to the text and then compare the situation of the two young women mentioned in the text.

Aufgabe 2: Composition

10 VP Inhalt / 15 VP Sprache

Bearbeiten Sie **eine** der beiden folgenden Aufgaben:

2a Analyse the professional and social skills which are regarded as important to succeed in today's world of work.

or

2b Advice to young people: "Work hard, and you can have a better life than your parents."
This idea is also reflected in the American Dream. Discuss whether the American Dream is an illusion or still a reality today.

LESEVERSTEHEN

TIPP

- **Zu 1:** Cristina erhielt mehrere Jobangebote, die sie jedoch alle ablehnte.
- **Zu 2:** Cristina arbeitet nicht in einem Callcenter. Sie ist Mitgründerin einer Firma, die Software für Callcenter anbietet.
- **Zu 3:** Junge Menschen kennen sich mit Computern und dem Internet aus, da sie damit aufgewachsen sind.
- **Zu 4:** Französische Firmen stellen fast kein Personal mehr auf Dauer ein.
- **Zu 5:** Wenn Florence in einer Firma als Selbständige arbeitet, muss der Arbeitgeber z. B. keine Sozialleistungen bezahlen.
- **Zu 6:** Die Regierung lässt Bereitschaft zu Reformen erkennen, aber bei der Wählerschaft kommt das nicht gut an.
- **Zu 7:** Florence Moreau macht nicht den strengen Kündigungsschutz verantwortlich, sondern die Arbeitgeber, die nur auf Gewinn aus sind („exploitative").
- **Zu 8:** Wenn Firmen wegen des strengen Kündigungsschutzes unfähige Mitarbeiter nur schwer loswerden können, stellen sie lieber gar keine neuen Bewerber ein.
- **Zu 9:** Je länger die Arbeitslosigkeit dauert, desto schwieriger wird es, Arbeit zu finden, sodass viele Langzeitarbeitslose die Suche aufgeben.
- **Zu 10:** Wer als junger Mensch arbeitslos ist, ist in späteren Lebensjahren weniger zufrieden.

1 **false:** "lots of job offers, but she turned them all down." (l. 3)

2 **false:** "co-founded a company called Talkdesk, which helps other firms set up call centres." (ll. 5/6)

3 **false:** ll. 12/13: "digitally native; few can remember life before the internet"

4 **true:** ll. 24–26: "So French firms have all but stopped hiring permanent staff: four-fifths of new employees are on short-term contracts"

5 **true:** ll. 27–30: "One employer suggested that she should become an 'entrepreneur', doing the same job as before but as a contractor, so that the firm could keep her on indefinitely without incurring heavy ancillary costs."

6 **false:** ll. 32/33: "Occasionally the government tinkers with labour rules, but voters have little appetite for serious reform."

7 **false:** ll. 34/35: "Ms Moreau rejects the idea that insiders enjoy too many legal protections [...] She blames exploitative employers"

8 **true:** ll. 38/39: "And when companies know they cannot easily get rid of duds, they become reluctant to hire anyone at all."

9 **true:** ll. 47–49: "The longer people are out of work, the more their skills and their self-confidence atrophy, the less appealing they look to potential employers and the more likely they are to give up and subsist on the dole."

10 **false:** ll. 57/58: "people who were unemployed in their early 20s are less happy than expected even at the age of 50."

TEXTPRODUKTION

Aufgabe 1: Text-based composition

TIPP

The key points are:

- introduction (relation to the text): unemployment affects and "scars" people's personality, waste of talents and skills
- main part:
  - Cristina from Portugal: top IT specialist, successfully self-employed
  - Florence from France: architect, no permanent full-time jobs available (low economy, rigid labour laws), result: job hopping
  - difference: Cristina prepared to take risks, Florence wants security
- conclusion: necessity of improving employment possibilities for young people

The quotation mentions two negative consequences of being out of work. To begin with, it affects and "scars" (cf. l. 50) the personality of the unemployed. They lose their self-confidence and are dissatisfied because they have the impression that they are not needed or wanted. In addition, society might lose valuable workers who, in most cases, have been educated and trained for a considerable length of time and whose talents are now going to waste.
The article mentions two young women, Cristina Fonseca from Portugal and Florence Moreau from France, and their experiences of entering the "walled world of work". Cristina graduated in computer science and, as a top IT specialist, found it easy to choose where she wanted to work because "she had lots of job offers" (l. 3). However, as she did not fancy any of the vacancies, she "decided to start her own business" and, after some failures, is now quite successful (cf. ll. 4–7).
Florence Moreau's case is different. She graduated in architecture in 2009 but found it difficult to enter the labour market because it was a time of global recession (ll. 21/22).

Permanent full-time jobs, which was the type of employment she was looking for, were just not available. Consequently, Florence "has had eight jobs, none lasting for longer than 16 months" (ll. 25/26). What made search for work so difficult for her was not only the unfavourable economic situation but also the fact that French firms are reluctant to hire permanent staff (cf. ll. 24/25). Regular employees were expensive and hard to dismiss because of the rigid French labour laws.
Although Cristina and Florence are both highly qualified young women, their work situations differ greatly. The Portuguese woman is prepared to risk self-employment, which is not always easy ("a year of false starts", l. 5), while the French woman, who has "a small child at home" (ll. 26/27), does not want to set up her own business and work "as a contractor" (l. 29), but finds it hard to get a permanent job.
One of the main messages of the text is that employment possibilities must be improved, especially for the younger generation. Losing a generation of young hopefuls and leaving them in frustration or forcing them to emigrate cannot be an option.

(386 words)

Aufgabe 2: Composition

a **TIPP**

The key points are:

- introduction: globalisation and financial crises have changed employment opportunities
- main part:
  a) professional skills:
    - excellent education
    - foreign languages
    - computer literacy

  b) social skills:
    - ability to work in a team
    - flexibility and mobility
- conclusion: improve social and professional skills before applying for a position

Globalisation and the financial crises of the last few years have made the job market more competitive in many parts of Europe. Many companies often don't invest to generate workplaces; on the contrary, they are often forced to lay off workers and to cut costs so that work is transferred to countries where production is cheaper. These developments have profoundly affected the employment sector and, in particular, young people who have never been in work. What are the skills that employers are looking for and which might improve chances of young job seekers?
In the working world today, employers can often choose from a large number of applicants and pick only the best. Therefore, it is absolutely necessary that job seekers

can prove that they have had an excellent education and that they are qualified for the job in question. This means applicants have to present a CV with all relevant documents which contain details of their career and show that they have been trained properly. If you apply for a job with a firm which earns most of its money in export it is essential that you speak foreign languages. A good knowledge of English is a prerequisite and your chances of being hired are better if you have at least a basic working knowledge of Spanish or French. A great deal of work in firms is done with the help of computers. Most work processes could not be carried out efficiently without them. Consequently, most employers want the personnel they hire to be computer-literate; this means that applicants need to know how to work with a computer and are familiar with word processing or spreadsheet programmes.

Today it is not sufficient to be just highly qualified in your profession. Personnel managers are increasingly placing more importance on so-called "soft skills" when looking for new staff. One of the most important requirements is that you are able to work in a team. This means you must fit into a group, respect your co-workers, communicate openly with them, and understand their points of view or suggestions. In our modern world of work, changes are inevitable. New ways of doing things, new inventions and improvements are cropping up almost daily. This requires workers to have an open mind and the ability to adapt to changing conditions. Flexibility and mobility are the keywords. You have to be prepared to do things differently and perhaps move to an office or factory in a different town, city or even country.

To succeed in the world of work today you must be aware of the difficulties of getting a job and use the time before to improve your chances of employment. *(446 words)*

b

TIPP

The key points are:

- introduction: definition and roots of the American Dream
- main part:
  - a) reality:
    - examples of successful entrepreneurs
    - necessary qualities
  - b) illusion:
    - changed world – no open spaces
    - millions of losers
- conclusion: success not the only guideline

One of the most cherished beliefs of generations of Americans has been the idea that personal success depends on private initiative and stamina, and that the next generation will be better off than the one before. If you work hard, you will be successful. This conviction has become known as the "American Dream"; it is the hope of self-improvement and success in a society based on equality and liberty. The belief that any-

body can make it by the work of his or her own hands has brought millions of newcomers to America. The phrase "From rags to riches, from dishwasher to millionaire" sums up their vision. The American Dream has its roots in the days of the pioneers when the New World was a land of open spaces, waiting to be conquered by the daring and adventurous. Is the dream still valid today or has it vanished?
A look at the achievements of successful American entrepreneurs can be used to support the view that the American Dream is still alive today. The careers of Bill Gates and Steve Jobs prove that nothing can stop an individual from climbing the ladder to success. Both made it to the top from very basic beginnings to influential leaders of multinational corporations. The driving forces behind their triumphs were their personality and passion, their creativity and perseverance. In addition, luck was on their side. Gates and Jobs came up with their ideas at the right time (early 1970s) and in the right place (San Francisco, California).
It seems fair to say that Gates, Jobs, Rockefeller and other multimillionaires are exceptions. Millions set out with the best intentions and put in hard work but did not make it. Even in the days of the conquest of the West not all pioneers became wealthy landowners or discovered gold mines. In our modern world it has become harder still to follow the American Dream and to achieve success. The open spaces have been occupied, and large companies make it much more difficult for an individual to excel. In addition, there are many more people today who do not have the means to compete; they are too weak to take part in the rat race. For the poor, and for many blacks and native Americans the dream has not come true. For whatever reason, millions are unable to attain success in a competitive world.
In conclusion, I would say the American Dream is still a reality, in as much as the drive for personal success is a positive impulse. However, it should be kept in mind that very often success is also influenced by favourable circumstances and does not depend on one's will alone. Above all, personal accomplishment should not be the ultimate goal and the only measure to judge a person's value. Follow your dream, but be prepared to change and adapt it in the course of time. *(481 words)*

LESEVERSTEHEN

10 VP

Text **Gender equality should be at the heart of all policy**

The OECD wants all countries to think about how policies will impact on women. Let's take our cue from Sweden, where even snow-clearing considers gender.

When people think of gender equality, they probably don't immediately think of snow. But the small Swedish city of Karlskoga did just that, when, five years ago, the city reviewed the way it cleared its streets.

Officials realised that clearing the main highways first benefited car drivers, more of whom tended to be men, rather than footpaths and cycle paths, more often used by women.

So the city decided to start by snowploughing the streets and paths around daycare centres, then areas around the largest workplaces and schools, before moving on to office districts and main roads. The result? Gender-neutral snow clearing with fewer injuries, since pedestrians are more likely than motorists to be injured in icy weather.

That's just one example of what can happen when officials consider the impact of everyday policies on women.

Sweden is the leader in this regard, and not just when it comes to snow-clearing. The country has a feminist foreign policy, and each year its budget is analysed by the Swedish Women's Lobby to see how resources are divided – and whether the government is living up to its promises on gender equality.

A recent OECD report – The Pursuit of Gender Equality: An Uphill Battle – outlines the size of the problem. Young women in OECD countries often now have more years in education than young men, with 34 % of women in higher education, compared to 30 % of men. But women are still, despite a narrowing employment gender gap, less likely than men to have a job – 74 % of men in OECD countries have a job, compared to 62.8 % of women.

Gender pay gaps widen with age, as having a family usually has a negative impact on women's earnings and career prospects. While the gender gap between childless men and women is 4.8 %, that gap widens to 22.6 % between men and women with at least one child. In the UK, the gender pay gap between men and women is still at 18.1 %. Women are also less likely to be entrepreneurs, and are underrepresented in private and public leadership positions.

The OECD wants gender to be central to policy-making – or, at the very least, it wants countries to think about how policies will impact men and women differently. It's done a roundup of countries that are trying to do this.

In Canada, each federal department is responsible for incorporating the government's commitment to gender equality within its work. Progress is measured through a process called gender-based analysis plus. In Mexico, the government has made it mandatory for all planning, fiscal and budgeting legislation to consider gender. Mexico also systematically tags budget allocations for gender equality and makes this information available to the public. Allocations are tracked as they are approved, modified and spent and this information is presented in quarterly reports and annual public accounts.

It's something the UK has still to learn. Here, we are seeing the impact of what happens when gender is not taken into account. Since 2010, the UK government's austerity policies, including welfare cuts, have impacted massively on women. According to research by the House of Commons library, 86 % of funding cuts have come out of women's pockets as a result of tax and benefit changes, such as a cap on housing benefit. That means the cuts since 2010 will have cost women a total of £ 79bn, compared to £ 13bn for men.

And Carolina Magdalene Maier, a Danish MP from the Alternative party, says that too often, even in Denmark, ranked 14th on the World Economic Forum's gender parity list (the UK is 15th), gender awareness is just an afterthought in the policy-making process.

Speaking at the Women Political Leaders conference in Reykjavik last week, Maier said that Denmark had tried for over a decade to put gender issues at the heart of policies. But still there is no dedicated ministry for gender equality – the minister responsible also looks after fishing and Nordic co-operation. "It shows the lack of significance put on gender equality," said Maier. *(715 words)*

Annotations

line 1: *OECD:* Organisation for Economic Co-operation and Development
line 38: *(to) tag:* to attach a label to sth, to mark sth
line 38: *allocation:* share, budget
line 43 f.: *austerity:* government measures to reduce public expenditure

Leseverstehen **10 VP**

Read the ten statements and say whether they are true or false. Give quotations from the text to support your decision and also add the corresponding **line number(s)**. Make sure you **only quote the most relevant part(s) of the sentence(s)**.

1 In a small city in Sweden, women clear footpaths and cycle paths of snow.

2 In winter, the city snowploughs main roads and streets in office areas last.

3 A Swedish women's lobby group decides how much money can be used for foreign policy.

4 34 % more young women than young men spend longer years in higher education.

5 Working mothers earn less but do not have fewer chances of promotion.

6 Fewer women than men are self-employed or occupy top jobs.

7 The Mexican government publishes how much money it invests in programmes for gender equality.

8 Gender equality is also on the agenda of the UK government.

9 Since 2010, social cuts have cost women about six times as much as men.

10 In Denmark, gender equality has become a major concern of the government.

TEXTPRODUKTION — 40 VP

Bearbeiten Sie Aufgabe 1 **und** Aufgabe 2.

Aufgabe 1: Text-based composition — 6 VP Inhalt / 9 VP Sprache

"Gender equality should be at the heart of all policy" (headline).
Explain the quotation in relation to the text and then describe the efforts countries have made to comply with the OECD's objective.

Aufgabe 2: Composition — 10 VP Inhalt / 15 VP Sprache

Bearbeiten Sie **eine** der beiden folgenden Aufgaben:

2a Discuss the difficulties of women trying to combine family and career.

or

2b The United States – a divided country? Comment on this statement.

LESEVERSTEHEN

TIPP

- **Zu 1:** Frauen befreien Fuß- und Radwege nicht vom Schnee, sie benutzen sie nur häufiger als Männer.
- **Zu 2:** Vorrang haben die Wege in der Nähe von Kindertagesstätten; erst danach werden die Straßen in Bürovierteln freigeräumt.
- **Zu 3:** Die Frauenorganisation entscheidet nicht, wie die Gelder verteilt werden, sondern untersucht nur, inwiefern dabei die Geschlechtergleichheit berücksichtigt wird.
- **Zu 4:** 34 % der jungen Frauen in Ländern der OECD erwerben einen höheren Bildungsabschluss, nicht 34 % mehr als junge Männer.
- **Zu 5:** Mütter, die arbeiten, verdienen weniger und haben schlechtere Aussichten auf Beförderung als Männer.
- **Zu 6:** Weniger Frauen als Männer sind unternehmerisch tätig oder bekleiden Führungspositionen in Firmen oder öffentlichen Einrichtungen.
- **Zu 7:** Die mexikanische Regierung macht öffentlich, wieviel Geld für Programme zur Gleichstellung der Geschlechter bereitgestellt wird.
- **Zu 8:** Die Herstellung von Geschlechtergleichheit spielt für die Regierung des Vereinigten Königreichs keine Rolle.
- **Zu 9:** Die Kürzungen im Sozialbereich kosteten die Frauen insgesamt 79 Milliarden Pfund, die Männer 13 Milliarden.
- **Zu 10:** Die Gleichstellung der Geschlechter ist in der dänischen Politik noch kein wichtiges Thema.

1 **false:** ll. 6–8: "clearing the main highways first benefited car drivers, more of whom tended to be men, rather than footpaths and cycle paths, more often used by women."

2 **true:** ll. 9–11: "So the city decided to start by snowploughing the streets and paths around daycare centres […] before moving on to office districts and main roads."

3 **false:** ll. 16–18: "The country has a feminist foreign policy, and each year its budget is analysed by the Swedish Women's Lobby to see how resources are divided – and whether the government is living up to its promises on gender equality."

4 **false:** ll. 20–22: "Young women in OECD countries often now have more years

in education than young men, with 34 % of women in higher education, compared to 30 % of men."

5 **false:** ll. 25/26: "Gender pay gaps widen with age, as having a family usually has a negative impact on women's earnings and career prospects."

6 **true:** ll. 29/30: "Women are also less likely to be entrepreneurs and are under-represented in private and public leadership positions."

7 **true:** ll. 37–39: "Mexico also systematically tags budget allocations for gender equality and makes this information available to the public."

8 **false:** ll. 42/43: "It's something the UK has still to learn. Here we are seeing the impact of what happens when gender is not taken into account."

9 **true:** ll. 47/48: "the cuts since 2010 will have cost women a total of £ 79 bn, compared to £ 13 bn for men."

10 **false:** ll. 50–52: "even in Denmark […] gender awareness is just an afterthought in the policy-making process." / l. 55: "no dedicated ministry for gender equality"

TEXTPRODUKTION

Aufgabe 1: Text-based composition

TIPP

The key points are:

- introduction (relation to the text): gender equality should be put into practice in all walks of life; example: snow clearing practice in a Swedish community
- main part:
  - most progressive countries: Sweden, Canada and Mexico
    Sweden: women's lobby group; Canada: all federal departments responsible for gender equality; Mexico: budget allocations for gender equality; public information
  - less advanced countries: UK and Denmark
    UK: welfare cuts hurt women most; Denmark: no ministry for gender equality
- conclusion: some OECD members have made progress, others are lagging behind

The quotation is the headline of the article and means that gender equality should be considered and put into practice in all walks of life. The author illustrates how this can be done by describing the snow clearing practice in a Swedish community. Streets which are mostly used by women and children in the mornings are cleared of snow first. In this way, the councillors are putting gender equality "at the heart" of their policy.

This Swedish town is not the only place where politicians care about gender equality. Other OECD member countries have also introduced measures to eliminate discrimination against women.

The most progressive countries in this respect are Sweden, Canada and Mexico, all of which have adopted policies to guarantee gender equality. In Sweden, every year a women's lobby group oversees "how resources are divided" (l. 17) in order to promote women's equality. In Canada, federal departments are "responsible for incorporating the government's commitment to gender equality" (ll. 34/35), which means they are obliged to put gender equality into practice. Similarly, Mexico not only "tags budget allocations for gender equality" (l. 38) but the authorities inform the public in detail of the resources set apart for that end (cf. ll. 39–41). Two countries which, according to the article, have been less successful so far in complying with the OECD's objective are the United Kingdom and Denmark. In the UK, welfare and social cuts have affected women more than men (ll. 47/48). Denmark does not even have a "dedicated ministry for gender equality" (l. 55). The topic is still a minor issue which is left in the hands of the minister who is also responsible for "fishing and Nordic co-operation" (l. 56).

The text describes the advances made in several OECD countries as far as gender equality is concerned. It becomes clear that some members have made more progress, while others still lag behind in the empowerment of women. *(323 words)*

Aufgabe 2: Composition

a **TIPP**

The key points are:

- introduction: percentage of working women has continually increased; women bear double burden of household and profession
- main part:
  a) difficulties in combining family and work
  at home: often still traditional role distribution; on the job: employers often not cooperative, no flexitime, long commute
  b) consequences: women work part-time or give up work altogether
- conclusion: more and affordable child care; fathers should also take responsibility; benefits for society as a whole

Since the 1980s, the percentage of working women has continually increased, but the majority of top jobs are being filled by men, and women are especially under-represented in boardrooms. Since the feminist movement has encouraged women to strive for better qualifications and enter the labour market, the opportunities for women have

improved, but the workload has also increased. Many working women who decide to start a family experience a lot of stress and often have the feeling they cannot cope with the double burden of runnig a household and having a profession.
The difficulties increase when a woman's employer is not cooperative, meaning the firm does offer neither flexible working hours nor the possibility to work part-time or from home. A long commute could therefore be an obstacle to combining work and family. It often happens that young families move out into the suburbs when their first child arrives because housing there is cheaper, and it is a safer environment for the children to grow up in. However, when the mother wants to resume work, she has to spend a lot of time and money travelling between her home and place of work.
In order to solve the dilemma of combining household, children and work, a large percentage of women tend to have a part-time job after parental leave, which means they earn less and their prospects for promotion are minimal or non-existent. The other alternative for mothers is to stay at home instead of going to work and having to spend most of their earnings on travel expenses and the cost of day care for the children.
Consequently, crèche and kindergarten places should be affordable and the number of places should be massively increased. Furthermore, the burden should not be on the mothers alone – fathers should also contribute to a healthy balance between family and work. Last but not least, society as a whole benefits from the talent and experience of working mothers. *(464 words)*

b **TIPP**

The key points are:
- introduction: cracks in the melting pot (America's multicultural society) visible
- main part: social and moral issues: gun control, racism, immigrants as scapegoats, sexual orientation and lifestyles
- conclusion: social cohesion of the USA has eroded away

In 1782, the Founding Fathers chose the motto "E pluribus unum" (Latin for "Out of many, one") for the United States' Great Seal. In those days, this signified the unity of the federal states; later it was interpreted as the nation being a country composed of people from many different origins and cultures. However, in recent years this cherished self-portrait of the United States has revealed a number of serious cracks. The country is deeply divided over various cultural and political issues.
On a political level, Republicans and Democrats are bitterly opposed on almost all issues, and the split of the nation is often reflected in the partisan view (enthusiastic support or deep-felt hate) of the incumbent president. The separation of the two parties and their respective supporters is further enhanced by a practice called "gerrymandering". Whenever one party controls the legislature, it re-draws the boundaries of constituencies in order to strengthen its power. The practice is not illegal but can be rather undemocratic.

As to moral issues and individual lifestyles – which are closely linked to political affiliation – a deep rift separates the rural-conservative population, for example in the South and Midwest, and the more progressive and liberal inhabitants in the big cities of the East and West coasts. They live in different worlds, with their views being influenced and reinforced by their sources of information. The right-wing channel Fox News, for example, which has been subject to allegations of biased reporting, serves Republicans and conservatives, while CNN attracts a more liberal audience.

Another issue which divides the nation is gun control. After every shooting in a school, college, supermarket or cinema the long-standing conflict about gun control flares up with unrelenting force. Pointing to the Second Amendment of the Constitution, the National Rifle Association (NRA) and other pro-gun activists insist on their right to possess and carry arms, while campaigners for stricter gun laws regard the easy availability of weapons as the main reason for the increasing number of incidents involving gun violence, which often claim the lives of innocent victims.

The debate about gun control is closely connected with the issue of racism. Whenever a white police officer shoots an African American, protests from enraged members of the black community erupt. Blacks are convinced that they are especially targeted, and statistics support this impression as far more African Americans are killed by police than whites. In 2008, the election of Barack Obama as the first black US president was hailed as the beginning of a new era for America's black population. However, these optimistic hopes have since been shattered. The US has still not become a nation where people are "judged by the content of their character" and not "by the color of their skin". Economically, many African Americans see themselves as disadvantaged outsiders. Statistics prove that blacks are poorer than whites, many drop out of school early, and there are more blacks in prison than whites.

The divide between rich and poor is another social problem the American nation is confronted with. Great parts of the population feel left behind by economic progress. Automation and globalisation have destroyed many jobs, for example in the coal mining, steel and car industries, leaving behind dying cities such as Detroit. The losers in this development often blame immigrants for their misfortune, thus creating an atmosphere which is in complete contrast to the traditional stance of the USA as a "nation of immigrants". It remains a fact that for many the ideal of the American Dream, the hope for a better future and for personal and economic success in a society of equals, has become almost impossible to achieve.

The heated debates and controversies prove that the social cohesion of the USA has eroded. After 9/11, the phrase "We are all Americans" was often quoted to invoke the unity of the nation against an enemy from outside. However, it seems that the intensifying divisions about attitudes and values within American society pose the bigger threat to the country's unity. *(668 words)*

LESEVERSTEHEN

10 VP

Text UNHCR and IOM call for a truly common and principled approach to European migration and asylum policies

On the eve of the launch of the presentation of the European Commission's new Pact on Migration and Asylum, UNHCR, the UN Refugee Agency, and IOM, the International Organization for Migration, are appealing to the European Union (EU) to ensure a truly joint and principled approach that addresses all aspects of migration and asylum governance. The two UN bodies are hopeful that the Pact will provide a fresh start to move from an ad hoc crisis-driven approach to asylum and migration in Europe to a common one that is more comprehensive, well-managed and predictable, both within and beyond the EU. […]

[…] Events across the Mediterranean, including delays in disembarking migrants and refugees rescued at sea, increasing reports of pushbacks and the devastating fires at the Moria Registration and Identification Centre (RIC) on the Greek island of Lesvos [in 2020], have further highlighted the urgent need to reform the EU's management of migration and asylum. COVID-19 has also heavily affected relevant policies and practices, and its detrimental socio-economic impact has not spared anyone. Refugees, migrants and large refugee hosting countries around the world, have been particularly affected.

The current approach in the EU is unworkable, untenable and often carries devastating human consequences. With the lack of EU-wide agreement on disembarkation exacerbating human suffering, the organizations have been jointly calling for a common EU action to take responsibility for search and rescue, and for disembarking people rescued at sea. IOM and UNHCR strongly agree with European Commission President Ursula von der Leyen that saving lives at sea is not optional […]. The organizations also extend concern for those along all migration routes who find themselves endangered, including on land. Saving lives must be the priority and should not be impeded or criminalized.

UNHCR and IOM have also called for more predictable arrangements on relocation within the EU, and actively supported […] relocations from the Greek islands, working with the Greek Government, the European Commission, EASO and UNICEF, the UN Children's Fund. The relocation of vulnerable people, including children, especially at a time of heightened hardship, has proven to be a workable example of responsibility sharing.

[…] Most migration to Europe is managed through safe and legal channels, and the COVID-19 crisis has highlighted the value of migrant and refugee workers in the EU and elsewhere. Their contributions and potential should be maximized. Well-managed human mobility will not only be instrumental in recovering from the pandemic, however. It should also be mainstreamed and inform longer-term policy and responses, including climate change, as well as support flexible and dynamic labour markets.

[…] Progress on fighting smuggling and enhancing humanitarian border management can be achieved with equal attention and resources devoted to strengthening and broadening legal migration and safe pathways, genuine partnerships, integration and building prosperous, healthy, cohesive communities. It can also reduce the demand that feeds the business of criminal smuggling groups. Investing in regular migration channels and enhanced mobility will also be essential to sustainable development and growth in the EU and elsewhere.

Dignified returns, for those who wish to return to their countries of origin or who are found not to be in need of international or other forms of protection, are equally crucial to a well-managed, comprehensive system. Voluntary returns should be prioritized and include provisions for sustainable reintegration. Some migrants, including victims of trafficking, sexual abuse and unaccompanied children, who are found not in need of asylum may have a legitimate need for other forms of assistance and protection.

The EU's commitment to predictable global solidarity and responsibility sharing in partnership with large refugee-hosting countries outside the EU is also welcomed. This commitment has to be translated into action with additional, predictable and flexible financial assistance and political support to hosting states, including to strengthen their asylum systems. This will ensure migrants and refugees have adequate access to services, such as health, education and work, so they can live their lives in dignity. More strategic support to countries hosting the largest numbers of refugees or transit countries would also diminish the appeal of being smuggled.

With a viable future and greater commitment from EU countries to resettlement, complementary pathways and family reunification, coupled with the conditions to ensure direct access to territory and asylum in the EU for those who need it, fewer people might resort to dangerous journeys and states will be better able to manage arrivals. […]

(729 words)

Annotations

l. 28: *EASO:* European Asylum Support Office agency

Read the ten statements and say whether they are true or false. Give quotations from the text to support your decision and also add the corresponding **line number(s)**. Make sure you **only quote the most relevant part(s) of the sentence(s)**.

1 UN agencies are about to introduce new principles of migration and asylum management.

2 UNHCR and IOM doubt that the new Pact on Migration and Asylum will change Europe's migration and asylum policy.

3 In view of incidents with migrants and refugees the EU must act without delay.

4 The COVID-pandemic has had only little effect on migration policy.

5 There is a common EU policy on sea rescue.

6 There is agreement between IOM, UNHCR and the leader of the European Commission that saving people from drowning is obligatory.

7 UNHCR and IOM have organised the resettlement of refugees on Greek islands.

8 Human trafficking can be curbed by enhancing legal migration.

9 According to the UN agencies, it is not necessary to support refugees who wish to return to their homeland.

10 The EU should assist non-EU countries who accept large numbers of refugees.

TEXTPRODUKTION

40 VP

Bearbeiten Sie Aufgabe 1 **und** Aufgabe 2.

Aufgabe 1: Text-based composition

6 VP Inhalt / 9 VP Sprache

"Saving lives must be the priority and should not be impeded or criminalized." (ll. 24/25)
Explain the quotation with relation to the text and then outline the issues which the EU migration and asylum policy should address.

Aufgabe 2: Composition

10 VP Inhalt / 15 VP Sprache

Bearbeiten Sie **eine** der beiden folgenden Aufgaben:

2a "Language is the key to integration." vs. "The importance of language for interaction is exaggerated."
Discuss the role of language for mutual understanding and integration in a multicultural society.

or

2b After the disaster of Fukushima in 2011, the German government decided to shut down the country's nuclear power plants and increase the amount of energy from alternative sources.
Discuss the pros and cons of Germany's energy transition ("Energiewende").

LESEVERSTEHEN

TIPP

- **Zu 1:** Nicht die UN, sondern die EU-Kommission wird einen neuen Migrations- und Asylpakt vorstellen. Die UN-Organisationen UNHCR und IOM appellieren aber an die EU, ein wirklich umfassendes und auf Prinzipien beruhendes Migrationskonzept zu beschließen.
- **Zu 2:** UNHCR und IOM zweifeln nicht daran, sondern haben vielmehr die Hoffnung, dass ein umfassendes, langfristiges Abkommen das gegenwärtige Vorgehen, nämlich immer nur auf die momentane Lage zu reagieren, ersetzen wird.
- **Zu 3:** Angesichts der tragischen Ereignisse im Mittelmeer, wie z. B. die Zurückweisung von Flüchtlingen auf dem Meer oder das verheerende Feuer in einem Flüchtlingslager, muss dringend gehandelt werden.
- **Zu 4:** Covid-19 hat auch die Migrationspolitik stark beeinflusst. Flüchtende und ihre Aufnahmeländer bekommen die Auswirkungen der Pandemie besonders zu spüren.
- **Zu 5:** Die UN-Organisationen verlangen von der EU ein einheitliches, verantwortungsbewusstes Vorgehen bei der Seenotrettung, das es so bisher nicht gibt.
- **Zu 6:** IOM, UNHCR und die Präsidentin der Europäischen Kommission sind sich darin einig, dass Rettung aus Seenot Pflicht ist.
- **Zu 7:** UNHCR und IOM haben nicht die Verteilung der Asylsuchenden auf den griechischen Inseln organisiert, vielmehr fordern die Organisationen, dass die Menschen von den Inseln weggebracht und auf die EU-Länder verteilt werden.
- **Zu 8:** Schleusern würde das Handwerk gelegt werden, wenn die legale Einwanderung erleichtert und in größerem Umfang erlaubt würde.
- **Zu 9:** Menschen, die in ihre Heimat zurückkehren wollen, sollten von der EU bei einer erfolgreichen Wiedereingliederung unterstützt werden.
- **Zu 10:** Die organisatorische Zusammenarbeit mit und finanzielle Unterstützung von Ländern außerhalb der EU, die viele Flüchtende aufnehmen, wird von den UN-Organisationen begrüßt.

1 **false:** ll. 1–5: "presentation of the European Commission's new Pact on Migration and Asylum, UNHCR, the UN Refugee Agency, and IOM [...] are appealing to the European Union (EU) to ensure a truly joint and principled approach that addresses all aspects of migration and asylum governance."

2 **false:** ll. 5–7: “The two UN bodies are hopeful that the Pact will provide a fresh start to move from an ad hoc crisis-driven approach to asylum and migration in Europe to a common one that is more comprehensive, well-managed and predictable”

3 **true:** ll. 9–13: “Events across the Mediterranean [...] have further highlighted the urgent need to reform the EU’s management of migration and asylum.”

4 **false:** ll. 13–16: “COVID-19 has also heavily affected relevant policies and practices [...] Refugees, migrants and large refugee hosting countries around the world, have been particularly affected.”

5 **false:** ll. 18–21: “With the lack of EU-wide agreement on disembarkation [...] the organizations have been jointly calling for a common EU action to take responsibility for search and rescue, and for disembarking people rescued at sea.”

6 **true:** ll. 21/22: “IOM and UNHCR strongly agree with European Commission President Ursula von der Leyen that saving lives at sea is not optional.”

7 **false:** ll. 26/27: “UNHCR and IOM [have also called for more predictable arrangements on relocation within the EU, and] actively supported relocations from the Greek islands”

8 **true:** ll. 38–40: “Progress on fighting smuggling [...] can be achieved with [...] strengthening and broadening legal migration”

9 **false:** ll. 47/48: “Voluntary returns should be prioritized and include provisions for sustainable reintegration.”

10 **true:** ll. 52–54: “partnership with large refugee-hosting countries outside the EU is also welcomed. [...] translated into action with additional, predictable and flexible financial assistance and political support to hosting states”

TEXTPRODUKTION

Aufgabe 1: Text-based composition

TIPP

The key points are:

- introduction (relation to the text): The UNHCR and IOM, along with the European Commission President, demand that saving the lives of refugees is the matter of greatest importance. The appeal is a response to the tragic events in the Mediterranean.

- main part: migration issues the EU should address
  - rescue at sea and allowing refugees to enter a port and go ashore
  - relocation of refugees within the EU
  - facilitation of legal migration: fight against the smuggling of people
  - assistance for people who wish to return to their home country
  - strengthening of partnership with large refugee-hosting countries outside the EU
- conclusion: The EU's current migration policy must be revised and improved

The quotation expresses the demand of UN organisations that saving the lives of refugees be regarded as a matter of the greatest importance. This principle was confirmed by the EU Commission's president Ursula von der Leyen (cf. ll. 21/22). The appeal is a response to the tragic events in the Mediterranean and the disastrous fires in a refugee camp on a Greek island (cf. ll. 9–12).
To prevent further tragedies and improve the management of migration, UN organisations ask the EU to provide strategies which address the main issues arising from an increasing number of refugees and asylum seekers.
The EU must work out an agreement which solves the problems connected with refugees taking the dangerous route across the Mediterranean Sea, but there is no plan so far as to how to find shipwrecked refugees, save them from drowning and allow them to enter a port and go ashore (cf. ll. 18–21). In fact, all migration routes should be made safe for refugees and asylum seekers.
Another issue is the relocation of refugees within the EU. A plausible plan is needed which lays out how to relocate "vulnerable people, including children" (l. 29), in the EU member countries.
Furthermore, the EU should facilitate legal migration (cf. ll. 39/40). Not only would this help in the fight against the smuggling of people, but countries in the EU and elsewhere would also profit because migrants could contribute to the economy (cf. ll. 42–44).
In addition, the EU migration policy should assist people who wish to return to their home country. This means helping them find their place in a possibly ruined homeland ("sustainable reintegration", l. 48) and protect them there. A concept for "dignified returns" (l. 45) must be an integral part of the EU migration policy. Likewise, assistance should also be provided for migrants who are not eligible for asylum but need to be helped and protected in other ways (cf. ll. 49/50).
Finally, the EU should cooperate with countries outside the EU which host large numbers of refugees by supporting them financially and by strengthening their asylum systems (cf. ll. 51–55).
In this text the two UN organisations list the most relevant and pressing issues migrants are confronted with today. They appeal to the EU to revise the unions's current incoherent and ineffective strategies and replace them by a "truly common and principled approach" (cf. headline) which meets the requirements of refugees and asylum seekers.

(410 words)

a **TIPP**

The key points are:
- introduction: calls for language courses to facilitate integration
- main part:
  a) language doesn't guarantee successful integration;
     example: homemade terrorists of July 2005
  b) language essential for successful integration
     - abolition of bilingual education in the US
     - essential to get a job, make friends, or start a business
     - gives an insight into another culture
- conclusion: assimilation easier, but no guarantee for integration

Whenever there are outbreaks of violence or clashes between "natives" and minority groups, politicians and experts call for more language courses. In their opinion, language problems lie at the heart of social unrest and tension, but to what extent can language promote mutual understanding and solve problems of integration in multicultural societies? Does language matter?

A drastic example of the view that mastering the language does not guarantee identification with a country, are the terrorist acts which occurred in Britain in July 2005. Radicalised young Asians with Islamic backgrounds carried out suicide bombings in London's Underground. The British press named these fanatics "home-made terrorists" because the bombers were born and raised in Britain. They had attended British schools, and had, to a certain extent, led ordinary lives. They spoke English as their mother tongue and even had regional accents, which seems to prove that learning the language of the host country is not a guarantee for integration.

The importance of language for integration has often been discussed in the United States, too. In California, the US state with the highest number of immigrants during the 1970s and 80s, sociologists believed that newcomers would best be integrated if they could keep their own language. Therefore, the system of "bilingual education" in schools was introduced, which meant that children of immigrants were taught in English as well as in their mother tongue, in most cases Spanish. However, as riots and conflicts among ethnic groups continued, bilingual education was regarded as a failure and replaced by "English First": Today, all immigrants into the USA in general, and school children in particular, have to be taught in English. Bilingual education is only allowed for a transitional period to help students with initial language problems.

It is commonly agreed that immigrants can only be successfully integrated into a society if they can express themselves in the language of the country they live in. Language skills are essential because they help people get a job, make friends, or start a business. If school children cannot overcome the language barrier, their future looks bleak. Unemployment causes boredom and frustration and may eventually erupt into violence, and it becomes a burden on the welfare state.

Apart from the fact that language is so important for a person's ability to communicate with others and succeed economically, it also gives an insight into another culture. Language transports ideas and values.
This is why I would agree with the view that learning the new homeland's language is vital to successful integration. It is, however, not a guarantee for mutual understanding. Integration does not come automatically when people speak the same language or understand a foreign language. However, knowing how others think and in what they believe is an important first step which, combined with respect and tolerance, can lead to peaceful coexistence in a multicultural society and benefit all. *(478 words)*

b **TIPP**

The key points are:

- introduction: Fukushima disaster: German government decided to phase out nuclear energy by 2022.
- main part:
  a) against new energy policy
    - energy prices will probably rise
    - German industry fears that its competitiveness could be damaged
    - alternative energy sources could be unreliable (shortages and blackouts)
    - increased burning of fossil fuels compensates for nuclear energy; contributes to pollution

  b) pro new energy policy
    - increase in renewable sources = decrease in burning of fossil fuels
    - positive for the environment (solution to global warming, climate change)
    - Germany sets an example for other nations to follow
    - new expertise in generating green power will be developed
- conclusion: the turnaround in energy policy is a great challenge, but a worthwhile enterprise

In 2011, dramatic pictures of the destruction of the Japanese nuclear power plant in Fukushima by a tsunami shocked the world. The TV footage also brought back memories of the meltdown of a reactor in Chernobyl in 1986, which spread radioactivity across large parts of Europe, endangering the health and lives of millions. The Fukushima disaster made the German government reverse its nuclear-friendly energy policy. The target became to phase out nuclear energy by 2022.
Opponents of this turnaround, among them the energy companies, are quick to point out the disadvantages of shutting down atomic power stations. One argument is that energy prices will rise because of the high costs of, for example, building offshore wind farms and a reliable electricity grid. It is not surprising that industries which are dependent on energy are concerned about rising electricity prices because this development could damage their competitiveness on the world market.

Another argument is that nobody can predict whether alternative energy sources, such as wind or the sun, will be able to meet the country's energy needs. On cloudy and/or windless days, Germany might need to import electricity from countries such as France where electricity is mostly generated in nuclear plants. There are also fears that consumers may have to cope with power shortages and blackouts. To meet energy demands before enough power is generated by renewable sources, the burning of fossil fuels such as coal will again be increased, which contributes to pollution.
On the other hand, environmentalists and the majority of the general public welcome the new energy policy with its reliance on renewable sources. As soon as enough energy is produced in wind parks and with solar panels in Germany, the country will be less dependent on fossil fuels, which will, in turn, be beneficial for the climate. Using alternative sources to generate power will reduce greenhouse emissions that damage the atmosphere, cause global warming and lead to a rise in sea levels. In this respect Germany may lead the way in the implementation of renewables and serve as an example for other nations to follow. The country's leading position in atomic power technology will be lost, but it will be compensated by the fact that new expertise in generating green power will be developed.
In conclusion, the turnaround in energy policy is a great challenge, and the transition from nuclear power to alternative sources will be a difficult process. However, on the whole, the effort will be worthwhile because it will solve one of the most menacing global problems today, the issue of climate change. *(430 words)*

LESEVERSTEHEN

10 VP

Text **The tyranny of choice**

Thanks to a mix of modern medicine, technology and social change, choice has expanded from the grocery shelf to areas that once had few or none. Faces, noses, wrinkles, breasts and bellies can be remodelled, plumped or tucked. America in 2008 alone saw 2.5 m Botox injections, 355,671 breast implants, 341,144 liposuction treatments, 195,104 eyelid lifts and 147,392 stomach tucks, according to the American Society for Aesthetic Plastic Surgery.

Teenagers can choose to surf, chat, tweet, zap or poke in ways that their parents can barely <u>fathom</u>. Moving pictures and music can be viewed, recorded, downloaded or streamed on all manner of screens or devices. The Internet has handed huge power to the consumer to research options, whether of medical procedures or weekend breaks. Even the choice of price-comparison sites to help people choose is expanding.

Offline choices have multiplied too. European Union citizens can move, study, work and live wherever they like within the union. Vouchers and other school reforms in many countries give parents increasing choice over where to send their children. Modular university courses offer students endless combinations. The University of California, Berkeley, has over 350 degree programmes, including Buddhist Studies and Lesbian, Gay, Bisexual and Transgender Studies, each made up of scores of courses.

Choice has come to some of life's biggest personal decisions as well. In many countries couples can decide whether and where to marry, cohabit, divorce or remarry. Internet dating promises to find a match from a database of potential partners. Women in the rich world can choose when, and whether, to reproduce. "Do I want a baby? Will I find love again? Is this it?" screams the front cover of one recent women's magazine. Mothers (and sometimes fathers) can choose to work, or not, or take time off to raise children and then go back to their jobs. New life can be created against the odds. For sufferers from many chronic illnesses, life in old age can be prolonged – or ended.

Too much of a good thing

Many of these options have improved life immeasurably in the rich world, and to a lesser extent in poorer parts. They are testimony to human <u>ingenuity</u> and innovation. Free choice is the basis on which markets work, driving competition and generating economic growth. It is the cornerstone of liberal democracy. The 20th century bears the scars of too many failed experiments in which people had no choice. But amid all the dizzying possibilities, a nagging question lurks: is so much extra choice unambiguously a good thing?

Over the past decade behavioural scientists have come up with some intriguing insights. In one landmark experiment, conducted in an upmarket grocery store in California, researchers set up a sampling table with a display of jams. In the first test they offered a tempting array of 24 different jams to taste; on a different day they displayed just six. Shoppers who took part in the sampling were rewarded with a discount voucher to buy any jam of the same brand in the store. It turned out that more shoppers stopped at the display when there were 24 jams. But when it came to buying afterwards, fully 30 % of those who stopped at the six-jam table went on to purchase a pot, against merely 3 % of those who were faced with the selection of 24.

Expectations have been inflated to such an extent that people think the perfect choice exists

The researchers repeated the experiment with chocolate as well as student essay topics and found similar results. Too much choice, concluded Sheena Iyengar of Columbia University and Mark Lepper of Stanford, is demotivating. Others have since come up with similar results from experiments with writing pens, gift boxes, coffee and even American 401(k) pension plans. (It is not all that way: German researchers, by contrast, found that shoppers were not put off by too much choice, whether of jams, chocolates or jelly beans – though this may be down to Germany's price-conscious shoppers and the sheer dreariness of the country's supermarkets.)

As options multiply, there may be a point at which the effort required to obtain enough information to be able to distinguish sensibly between alternatives outweighs the benefit to the consumer of the extra choice. "At this point", writes Barry Schwartz in "The Paradox of Choice", "choice no longer liberates, but debilitates. It might even be said to tyrannise." In other words, as Mr Schwartz puts it, "the fact that some choice is good doesn't necessarily mean that more choice is better." *(756 words)*

Annotations

line 8: *to fathom:* to come to understand
line 28: *ingenuity:* cleverness, skilfulness, creativity
line 56: *to debilitate:* to weaken

Read the ten statements and say whether they are true or false. Give quotations from the text to support your decision and also add the corresponding **line number(s)**. Make sure you **only quote the most relevant part(s) of the sentence(s)**.

1 The advances in modern medicine have also had an impact on the variety of plastic surgery.

2 Parents surf the Internet and use social networking sites as frequently as their teenage children.

3 Social changes include the free movement of people and, in many countries, free education for children.

4 Online dating services only present a random choice of potential partners.

5 Using modern fertility methods doctors can help couples who cannot have children the natural way.

6 People in developing economies have profited as much from recent advances as people in the industrialised world.

7 An experiment in which customers were shown different numbers of jam jars proved that people bought more when the choice was less.

8 In Germany, similar experiments proved the validity of the tests carried out in Britain.

9 In the text, German supermarkets are described as an extremely dull place.

10 The more options and information buyers have, the better they can choose and take the right decision.

TEXTPRODUKTION

40 VP

Bearbeiten Sie Aufgabe 1 **und** Aufgabe 2.

Aufgabe 1: Text-based composition

6 VP Inhalt / 9 VP Sprache

"… choice no longer liberates, but debilitates" (l. 56)
Explain the quotation in relation to the text and then summarise the choices people have today according to the article.

Aufgabe 2: Composition

10 VP Inhalt / 15 VP Sprache

Bearbeiten Sie **eine** der beiden folgenden Aufgaben:

2a "TV advertising can harm young people and should be limited".
Write down a speech to be delivered in front of parents and educators in which you point out the influence of advertising on young people and give reasons for limiting TV publicity targeted at children.

or

2b Travelling has become affordable for more and more people.
Discuss the pros and cons of mass tourism.

Lösungen

LESEVERSTEHEN

TIPP

- **Zu 1:** Die Fortschritte in der modernen Medizin haben auch dazu geführt, dass inzwischen eine Vielzahl an Körperteilen einer Schönheitsoperation unterzogen werden kann.
- **Zu 2:** Im Text steht, dass es die Teenager sind, die das Internet in einem Maße nutzen, wie es sich ihre Eltern kaum vorstellen können.
- **Zu 3:** Von kostenloser Erziehung ist nicht die Rede, vielmehr von größerer Wahlfreiheit.
- **Zu 4:** Partnervermittlungen im Internet versprechen, auf Grundlage ihrer Datenbank Menschen zusammenzubringen, die gut zueinanderpassen.
- **Zu 5:** Die künstliche Befruchtung ermöglicht es Paaren, die auf natürlichem Weg keine Kinder bekommen würden, Eltern zu werden.
- **Zu 6:** In den Entwicklungsländern haben die Menschen von Innovationen nicht im selben Maße profitiert wie in den Industrienationen.
- **Zu 7:** Die Kunden kauften mehr bei nur geringer Auswahl.
- **Zu 8:** Eine zu große Auswahl hat Käufer in Deutschland nicht abgeschreckt.
- **Zu 9:** Nach Meinung des Verfassers sind deutsche Supermärkte nicht gerade einladend.
- **Zu 10:** Zu viele Informationen verwirren einen Käufer eher, als dass sie ihm die Kaufentscheidung erleichtern.

1 **true:** ll. 1–3: "Thanks to a mix of modern medicine [...] Faces, noses, wrinkles, breasts and bellies can be remodelled, plumped or tucked."

2 **false:** ll. 7/8: "Teenagers can choose to surf, chat, tweet, zap or poke in ways that their parents can barely fathom."

3 **false:** ll. 13/14: "Vouchers and other school reforms in many countries give parents increasing choice over where to send their children."

4 **false:** l. 20: "Internet dating promises to find a match from a database of potential partners."

5 **true:** ll. 24/25: "New life can be created against the odds."

6 **false:** ll. 27/28: "Many of these options have improved life immeasurably in the rich world, and to a lesser extent in poorer parts."

7 **true:** ll. 41/42: “30 % of those who stopped at the six-jam table went on to purchase a pot, against merely 3 % of those who were faced with the selection of 24.”

8 **false:** ll. 49/50: “German researchers, by contrast, found that shoppers were not put off by too much choice”

9 **true:** l. 52: “the sheer dreariness of the country’s supermarkets”

10 **false:** ll. 53–55: “As options multiply, there may be a point at which the effort required to obtain enough information to be able to distinguish sensibly between alternatives outweighs the benefit to the consumer of the extra choice.”

TEXTPRODUKTION

Aufgabe 1: Text-based composition

TIPP

The key points are:

- introduction (relation to the text): behavioural scientists find that too much choice can be confusing
- main part: people’s lives have changed for the better in many ways:
  - Internet increases opportunities for communication and research
  - EU: freedom of movement
  - free choice from a great variety of university courses
  - freedom in people’s personal lifestyles (marriage, divorce, cohabitation)
  - advances in medicine open up new opportunities (longevity, fertility programmes)
- conclusion: free choice is important in a democracy, but too much may not be good for people

The quotation summarises the findings of behavioural scientists that too much choice can be a “tyranny” instead of a great help. They carried out experiments which proved that offering a smaller number of samples to choose from was more efficient than offering a wide range. Customers seem to be more confused by a large selection than a smaller one. In this sense, having too much choice “no longer liberates but debilitates” people (cf. l. 56).

Today, people are not only able to select from a wide range of articles, they can also make choices in other fields of life.

According to the text, technological and social progress has changed people’s lives for the better in many ways. The Internet, for example, has increased people’s opportunities for communication and research (cf. ll. 9/10). EU citizens enjoy freedom of

movement and can choose where to live, work or study (cf. ll. 12/13). As far as education is concerned, universities today offer a great variety of degree programmes, which makes it possible for students to choose a course according to their preference and ambitions. Additionally, in many countries changes in social attitudes have created a new freedom for people's personal lifestyles. They are free to decide how long they wish to live together and in what form (cf. l. 19), for example. Advances in medicine have opened up new opportunities for women, who can now decide about whether to have a family or not. Older people's health can be improved so that they live longer than people have ever lived before (cf. l. 25) and new techniques in reproductive medicine can help couples to have a baby "against the odds" (l. 24).
The author writes that free choice "is the cornerstone of liberal democracy" (l. 30). However, despite the immense progress in opening up more and more options for people to choose from, the question remains whether "so much extra choice" is really "a good thing" (ll. 32/33). *(322 words)*

Aufgabe 2: Composition

a **TIPP**

The key points are:
- introduction: topic sentence: TV ads have negative influence on young people
- main part: reasons:
  - TV commercials present a distorted view of reality
  - TV adverts teach children the wrong eating habits
  - adverts create needs
- conclusion: advertising is necessary, but adverts should not be permitted during children's programmes

"We'll be back after a short break! Stay tuned." How often have you heard these words on TV? Several times in the course of an evening, I'm sure. Shows are interrupted regularly by commercials. Many viewers find this annoying because they want the film to continue. Others see commercials as a source of entertainment or a chance to make a coffee or go to the toilet. Be that as it may – I would like to make you aware of the negative influences advertising can have on children and young people.
My first point is that TV commercials present a distorted view of reality. Think of a TV commercial for margarine, for example, where the whole family is sitting happily around the breakfast table – all beautifully dressed in their Sunday best and smiling. Children might compare this ideal family with their own more down-to-earth reality and find their own situation disappointing, which may be not so happy, with the parents being divorced, for example.
Another point is that TV adverts teach children the wrong eating habits. The advertising agencies spend an enormous amount of money on commercials for sweets, soft

drinks and fast food. Most of these commercials are directed at a very young audience and are shown in the late afternoon when children watch TV after school or on Saturday morning. These adverts mislead young people to prefer eating only junk food. In addition, they may encourage children to nibble frequently throughout the day or to eat or drink near bedtime. We all know the consequences – teenage obesity is a big problem in many industrialised countries.

I would like to point out another serious danger. Adverts create needs in young people in order to wheedle their pocket money away from them. They are persuaded by TV commercials that they have got to have all kinds of stuff: the latest smartphone, the right trainers on their feet and the right logo on their backs. Many parents cannot fulfil these wishes and consequently some kids just steal the items which are "a must".

However, I think advertising is necessary. It helps finance not only TV programmes, but also cultural events. Sponsoring is important. But first of all, advertising helps firms to boost sales and thus generates jobs – not least, of course, in the advertising agencies which create the ads and commercials. However, let me make this quite clear; advertising on TV should be limited and more closely scrutinised during children's viewing hours. Adverts should not be permitted at all during small children's programming because the very young cannot distinguish between the advertising and the programmes. Children do not fully understand the purpose and the mechanics of advertising. What could be done? TV broadcasters and publishers should ban all adverts which might be harmful to the mental and physical health of children and adolescents. – Thank you very much for your attention. *(478 words)*

b

TIPP

The key points are:

- introduction: rise in tourism
- main part:
  a) disadvantages: mass tourism causes damage: unspoilt nature affected; noise and pollution; e. g. Airbnb puts strain on local housing markets
  b) advantages: major source of income for poorer countries; generating jobs for people in poorer countries
- conclusion: solution: promoting eco-tourism, educating tourists

Today a lot of people in the industrialised nations have enough time and money "to get away from it all" and go on holiday once a year or more. To satisfy demands, there are a variety of trips on offer for all sorts of tourists; for adventurers who want to explore exotic places and those who simply want to lie in the sun beside a swimming pool or for others who prefer city sightseeing. Millions make use of what is on offer and travel to places all over the world. Mass tourism is on the increase and the question arises as to whether it does more harm than good.

The growing numbers of tourists who are attracted to unique landscapes and nature reserves, such as the Great Barrier Reef, often cause considerable damage. A striking

example are the Galápagos Islands in Ecuador. Ecuador, as a poor country, increased the number of tourists allowed on the islands to earn more money, although conservationists warned of the disastrous consequences to the environment. However, not only did more tourists arrive on the island, but also a large number of alien species of flora and fauna which affected the fragile ecosystem of Galápagos. The damage made the authorities finally aware that the Galápagos are not suitable for mass tourism.
Damage to the environment is not restricted to distant places. In Europe, for example in the summer months, millions of cars roll south, choking motorways and causing pollution and noise. Masses of people crowd southern Europe's beaches, leaving behind tons of litter. In winter, millions invade the ski resorts in the Alps, eroding mountain slopes and thus damaging the fragile ecosystem. Furthermore, due to cheap air fares a rising number of tourists take planes to get to their destinations, thus contributing to air pollution and global warming.
The increasing demands of travellers for cheap accommodation and an "authentic holiday experience among locals" is met by Airbnb. It connects tourists who are looking for a short-term place to stay with people who are prepared to rent out one of their rooms, an apartment or a complete house. The system became abused by people who used Airbnb as their business model and bought up property for permanent short-term rental, thus "removing" accommodation from the local market and making flats or houses for local residents more difficult to find and more expensive. To counteract this development, cities which are very much affected by this development, such as Barcelona or Berlin, have passed stricter regulations for rentals in certain city zones.
Apart from its negative aspects, tourism generates money and has become an important source of income, especially in countries with otherwise little or no industry. Local people can find jobs generated by tourism in airports, hotels, cafés and restaurants. They work, for example, as waiters and waitresses, hotel receptionists, drivers, interpreters or tour guides. For many countries including Greece, Tunisia or Portugal, tourism contributes a great deal to the nation's income. The economic importance of the tourist industry in a lot of countries can be gleaned from the fact that terrorists have carried out attacks on tourist centres e. g. in Egypt and Turkey to damage the economy and attract world-wide attention.
All in all, modern mass tourism is a blessing and a curse at the same time. Solutions must be found which enable people to enjoy nature and preserve it at the same time. One answer could be "ecotourism": First of all, the number of visitors to protected areas is limited. Secondly, tourists contribute to the off-setting of their carbon footprint by being charged an additional fee on their air ticket. Last but not least, tourists should be educated to become more sensitive travellers and be informed on how to avoid spoiling the environment so that future generations can still enjoy the beauties of our Blue Planet.

(649 words)

LESEVERSTEHEN

10 VP

Text — Towards a Sustainable Europe by 2030

The world is in a flux and we are in the midst of the fourth industrial revolution. Everything is changing for everyone. Pretending otherwise is an abdication of common sense. The question is whether we are a victim of change, or whether we will embrace and guide it. Europeans are facing pressing challenges such as environmental degradation and climate change, demographic transition, migration, inequality, and pressure on public finances. Citizens are worried about their future, and that of their children. We are running up an ecological debt that affects everything. Future generations will have to pay back this debt with heavy interest if we don't step up our action.

It is the duty of the European Union to serve Europeans, not the other way around. The European Union must help people pursue their aspirations and address their concerns urgently and effectively. It starts by diagnosing the situation and facing up to the reality and undeniability of the facts. These facts, however, should not instil in us worry and fear, but inspire us to act instead.

Many of these concerns have to do with challenges that go beyond borders and threaten jobs, our prosperity, our living standards, our freedom, and our health. No one state or nation can effectively deal with these challenges alone. We need the scale of the European Union, which – when unified and determined – is a global force to be reckoned with. However, ultimately even a European scale will not be enough; we need an agenda that has a global impact, and that agenda is best captured by the 17 Sustainable Development Goals (SDGs) 193 states signed up to, including the European Union and its Member States. These SDGs plot out a route on how to overcome the challenges we face, and to improve our habitat, our economy and our lives.

Sustainable development is a complex issue, but a simple concept: it is about making sure that […] economic growth allows us to maintain a model that produces fair outcomes for all of humanity; and about ensuring that humans don't consume more resources than the Earth has to offer. That means we need to modernise our economy to embrace sustainable consumption and production patterns, to correct the imbalances in our food system, and to put our mobility, the way we produce and use energy, and design our buildings onto a sustainable path. To do this we also need to gear all our science, our financing, taxation, and our governance towards the achievement of the SDGs.

This is not a left or right issue, it is a right or wrong issue. Fortunately, the European Union has a good starting point because of its strong competitive advantages. Europe has developed some of the world's highest environmental standards, put in place ambitious climate policies, and championed the Paris Climate Agreement. Through its external policies and open, rules-based trade agenda, the European Union has also shared sustainable solutions with third countries.

The European Union was founded on the premise that "world peace cannot be safeguarded without the making of creative efforts proportionate to the dangers which threaten it" as Robert Schuman put it so eloquently almost 70 years ago. Today we may add to "world peace" the words "our people's well-being and survival".

The sustainability agenda is a positive agenda, it is about making people's lives better. Europe has all that it takes to tackle the greatest of challenges. We can do this, together. What we need is everyone's engagement and the political will to follow through. While others are retreating, Europe must now move forward, improve its competitiveness, invest in sustainable growth and lead the way for the rest of the world. It is not enough to have a vision, we also need to agree on a concrete way to get there. This Reflection Paper is our contribution to that debate. *(640 words)*

Leseverstehen **10 VP**

Read the ten statements and say whether they are true or false. Give quotations from the text to support your decision and also add the corresponding **line number(s)**. Make sure you **only quote the most relevant part(s) of the sentence(s)**.

1 We are always powerless in the face of change.

2 People are confident that future generations will be living in a better world.

3 The EU guarantees to fulfil the ambitions of its citizens.

4 The challenges we are facing are too complex for a country to tackle on its own.

5 The Sustainable Development Goals have so far only been signed by the EU member states.

6 Sustainable development is not compatible with economic growth.

7 Scientific knowledge should play an important role in achieving the Sustainable Development Goals.

8 Europe is among the worldwide leaders with regard to environmental protection laws.

9 Achieving the well-being of its citizens has replaced achieving world peace on the EU's agenda.

10 Europe can be a model of how to achieve sustainability.

TEXTPRODUKTION

40 VP

Bearbeiten Sie Aufgabe 1 **und** Aufgabe 2.

Aufgabe 1: Text-based composition

6 VP Inhalt / 9 VP Sprache

"The world is in a flux and we are in the midst of the fourth industrial revolution." (l. 1)
Explain the quotation with relation to the text and then analyse how future challenges can be best met and what role the EU plays in this process.

Aufgabe 2: Composition

10 VP Inhalt / 15 VP Sprache

Bearbeiten Sie **eine** der beiden folgenden Aufgaben:

2a Analyse the opportunities and dangers of modern communication technology.

or

2b Social media sites such as Facebook and Instagram are enormously popular. Discuss whether the use of social networking sites should be allowed at the workplace.

LESEVERSTEHEN

TIPP

- **Zu 1:** Angesichts des tiefgreifenden Wandels, dem wir uns gegenübersehen, sind wir keineswegs machtlos. Wir stehen vielmehr vor der Wahl, ob wir zu Opfern des Wandels werden oder ob wir ihn gestalten wollen.
- **Zu 2:** Angesichts der Vielzahl von Problemen auf der Welt machen sich die Menschen Sorgen um ihre Zukunft und die ihrer Kinder, die u. a. massiv unter der Zerstörung der Umwelt zu leiden haben werden.
- **Zu 3:** Die EU kann den Menschen nicht garantieren, dass ihre Wünsche und Hoffnungen in Erfüllung gehen. Sie muss sie aber dabei unterstützen, diese Ziele zu erreichen.
- **Zu 4:** Kein Staat allein kann die anstehenden Herausforderungen, die ja die ganze Welt betreffen, bewältigen.
- **Zu 5:** Die Agenda für nachhaltige Entwicklung wurde bisher nicht nur von den Mitgliedsländern der EU unterzeichnet, sondern insgesamt von 193 Staaten.
- **Zu 6:** Das Gegenteil ist der Fall. Nachhaltigkeit und wirtschaftliches Wachstum müssen sich nicht ausschließen.
- **Zu 7:** Um die Nachhaltigkeitsziele zu erreichen, sind (natur-)wissenschaftliche Erkenntnisse ein wichtiger Baustein.
- **Zu 8:** Die EU hat im Bereich des Umweltschutzes Maßstäbe gesetzt und einige der strengsten Vorschriften weltweit erlassen.
- **Zu 9:** Ein Hauptziel bei der Gründung der EU war es, den Frieden zu bewahren. Dies gilt immer noch, jedoch kommt das Ziel hinzu, für das Wohlergehen der Menschen zu sorgen.
- **Zu 10:** Europa verfügt über die Mittel und Fähigkeiten, nachhaltig zu wirtschaften. Insbesondere dann, wenn andere sich nicht darum bemühen, muss Europa mit gutem Beispiel vorangehen.

1 **false:** ll. 3/4: “The question is whether we are a victim of change, or whether we will embrace and guide it.”

2 **false:** l. 6: “Citizens are worried about their future, and that of their children.” / l. 7/8: “We are running up an ecological debt that affects everything. Future generations will have to pay back this debt with heavy interest if we don’t step up our action.”

3 **false:** l. 10: “The European Union must help people pursue their aspirations […]”

4 **true:** ll. 15/16: “No one state or nation can effectively deal with these challenges alone.”

5 **false:** ll. 19–21: “the 17 Sustainable Development Goals (SDGs) 193 states signed up to, including the European Union and its Member States.”

6 **false:** ll. 23–25: “Sustainable development [...] is about making sure that [...] economic growth allows us to maintain a model that produces fair outcomes for all of humanity”

7 **true:** ll. 29–31: “To do this we also need to gear all our science, [our financing, taxation, and our governance] towards the achievement of the SDGs.”

8 **true:** ll. 33–35: “Europe has developed some of the world’s highest environmental standards, put in place ambitious climate policies, and championed the Paris Climate Agreement.”

9 **false:** ll. 40/41: “Today we may add to ‘world peace’ the words ‘our people’s well-being and survival’.”

10 **true:** ll. 45/46: “Europe must now move forward [...], invest in sustainable growth and lead the way for the rest of the world.”

TEXTPRODUKTION

Aufgabe 1: Text-based composition

TIPP

The key points are:

- introduction (relation to the text): We live in a world with numerous challenges and the EU must play an active role in resolving these issues.
- main part: action is needed on a global scale
  - Sustainable Development Goals: global prosperity and preservation of the planet’s resources at the same time
  - It is important to make the economy more sustainable with regard to:
    - consumption
    - production and distribution of food and energy
    - constructing buildings
  - The EU’s advantages in that process:
    - high environmental standards
    - open trade relations based on rules
- conclusion: the EU must make use of its enormous potential and act as a leader in the global effort towards more sustainability.

The quotation states the fact that we live in a world of massive change, affecting people in all walks of life. The so-called "fourth industrial revolution" creates worldwide challenges, which make many people worry about their future and the future of their children (cf. ll. 4–6). It is therefore vital for us to tackle the enormous tasks ahead (cf. ll. 7/8). In resolving these issues, the EU must play an important role.
The major challenges the EU and the world are facing today are the climate crisis, environmental pollution, growing inequality, demographic changes, migration, and the growing financial burden on the public sector (cf. ll. 4–6). As these "challenges go beyond borders" (l. 14) and cannot be solved by the European Union alone, joint action is needed on a global scale. There is already a blueprint which shows a way of both how to deal with the pressing issues we face and also how to improve the way we live and work: the 17 Sustainable Development Goals (SDGs), which were signed by 193 nations. The basic idea of the SDGs is to achieve a decent living for all *and* preserve the planet's resources (cf. ll. 23–26).
Therefore, it is necessary to make our economy sustainable with regard to consumption, the production and distribution of food and energy, and the way we construct buildings (cf. ll. 26–29).
The European Union is in a good position when it comes to achieving these aims, as its environmental standards are among the highest in the world and it advocates open trade relations based on rules (cf. ll. 34–36).
As expressed in the quotation, our world is in the midst of fundamental changes and we are confronted with numerous challenges. The text encourages us to tackle them in a common effort and follow the SDGs, which outline how those pressing issues can be solved. The EU is in a position to act as a leader in this transitional process towards more sustainability and it therefore must make full use of its enormous potential.

(344 words)

Aufgabe 2: Composition

a **TIPP**

The key points are:

- introduction: communication technology has influenced and changed daily lives
- main part:
  a) opportunities
    - information available "at your fingertips"
    - social networking sites facilitate communication
    - consumers and firms profit from online banking, e-commerce

  b) dangers
    - fraudsters use the net for illegal activities
    - privacy endangered (private data collected)
    - fear of losing social contacts

- conclusion: "media education" necessary to teach inexperienced users how to use the Internet wisely

The development of computers and modern methods of communication at the end of the 20th century, often referred to as the "Digital Revolution", not only affected people's workplaces, but also their daily lives and habits. Fast broadband connections and the growth of the Internet opened up new horizons and enabled worldwide interaction and communication not only between firms but also between individuals.

Computers in almost every home and fast Internet access connect people worldwide and make information available "at your fingertips". Search engines, such as Google, provide facts, figures and statistics on almost any subject. Social networking sites allow registered users to create their own page or profile and publish it on the Internet. Users can then make this page available for their friends and communicate via their profile both with them and with people outside their list of contacts. The immediate exchange of messages via emails, SMS or Twitter has become commonplace for private and commercial use. Online banking and e-commerce (Internet shopping) present advantages for consumers and firms alike.

The free and unrestricted flow of information on the Internet is regarded as an achievement of democratic societies. However, the enormous potential of the net also provides possibilities for abuse and fraud. Parents, educators and politicians are particularly worried about the safety of children and teenagers using social networking sites. They are concerned that youngsters disclose private information about themselves and their families, thus enabling strangers to get hold of this information and use it for unlawful activities. The issue of Internet safety and privacy is also raised in connection with the search engine giant, Google. Users do not really know how much information Google stores. Critics maintain that "Big Brother" has entered the net. In George Orwell's pessimistic novel *Nineteen-Eighty-Four*, Big Brother represents absolute control in a totalitarian state. Like Big Brother, search engines and providers gather data without the user's knowledge and can create quite a detailed profile of your likes and dislikes. As to social networking sites and online games, educators and parents fear that especially young people might lose contact with reality and neglect their social contacts and daily duties when they spend hours in virtual worlds.

Most people would agree that the advances in communication technology offer tremendous opportunities, but because of the Internet's disadvantages and dangers it is essential to teach young and inexperienced users, in particular, how to use computers and the Internet safely. The keyword is "media education", which means we must make people aware of the potential impact of their online activities and show them how to protect themselves against illegal activities so that they can profit from the advantages of digital technology. *(443 words)*

b **TIPP**

The key points are:

- introduction: networking sites: mainstream communications technology
- main part:
  a) companies forbid using social networking sites: employees would spend too much time on the web for private purposes
  b) companies allow using social networking sites
     - better work climate
     - can be used for the job as well
- conclusion: compromise: allow Internet access, but draw up rules

The rapid growth of Facebook or Instagram proves the popularity of social media. For many people, not only teenagers and young adults, they are now a mainstream communications technology. Logging on to these sites has become a daily routine and practice. The most important advantage for most users is the possibility to keep in close contact with their friends. Friends tell each other about their whereabouts and what is going on in their lives. This activity usually takes place during people's free time. However, employers are now being confronted with the problem, whether they should allow employees to log into social networks during working hours.

There is no easy solution to this issue. On the one hand, it is quite understandable when companies do not allow their staff to go online during work time. The managers could argue that workers would spend too much time on the web for private purposes. Logging into social networking sites and looking up accounts would keep staff from doing their jobs properly.

On the other hand, companies could allow workers private Internet access during office hours. This would improve the working climate in the company and, hopefully, employees would work more efficiently. As to the argument about wasting time, one could argue that workers can lose much more time chatting to each other – without being online. In fact, workers and employees could take advantage of communication possibilities in their offices or factories, in as much as social networkers do not only use the site for small talk about their private affairs. They could also discuss problems connected with their field of work. Someone else working in a different company may be confronted with a similar problem and can offer a solution. In this way social media sites open up opportunities for work-related assistance. The new technologies provided by networking could thus enrich not only people's private lives, but also their professional activities.

Perhaps, a compromise might be a way out of the dilemma. The management could allow employees to use the net for private purposes as well. However, the executives of the firm should draw up certain rules – in cooperation with workers' representatives – about the proper use of the net during work time. With this policy the management can avoid monitoring the Internet activity of their staff, which would lead to legal problems. *(387 words)*

LESEVERSTEHEN

10 VP

Text **Why media commentary is so crucial when opinions displace facts**

Is truth relevant any longer? Journalists are encouraged to accept the philosophy behind the adage famously coined by the Guardian's CP Scott: comment is free, but facts are sacred. So editors train trainee reporters to "get the facts" (and student journalists are similarly urged to do the same by their tutors). Junior journalists soon learn that "the facts" need assembling into some kind of order and that the process can be complicated. How facts are presented has an importance too. Stories – and that loaded description is itself revealing – are not simple constructions. They involve placing facts in some kind of order and, crucially, omitting some altogether. Even experienced journalists, reporters and subeditors, affect to think that a collection of facts adds up to some kind of truth. And it is widely accepted in our trade that truth-telling is the point of the job. Providing the public with the necessary "information" on which to base their views enables them to make political, economic and social decisions.

Anyone reading newspapers each day or watching TV news or listening to radio bulletins – and especially if doing all three – will know that truth turns out to be a moving target. "The facts" suddenly dissolve. They become little more than propaganda tools as journalists twist them to suit narratives that we realise make a nonsense of the mission to inform. This process, sometimes reduced to a supposed division between objectivity and subjectivity, has a long history. The newspapers of the 19th and 20th centuries were no more "factual" than those published today. Sacrilegious opinions always dominated the facts. Nor should we overlook the one-sidedness of this matter. No reader, viewer and listener – no member of the public – is a blank page. Everyone who consumes the news does so with their views and attendant assumptions in place, and they are difficult to dislodge.

For some reason, clearly influenced by undue optimism, it was supposed that the creation of social media would change everything. Mainstream media's spin would be exposed for what it is. By contrast, unmediated media would allow the people to enjoy unvarnished facts, thus allowing "the truth" to emerge at last. Ha! Bah humbug! Practice has made nonsense of the theory. The output on social media is not only less fact-free than that purveyed by the hated MSM, it is overly dominated by opinions. The Guardian's leading article today pointed out that we are living in "what some call the post-factual or post-truth political era" in which "what you would like to believe always trumps the facts."

I agree but only up to a point because I take issue with the belief that it is a new phenomenon, a new age. Surely it has always been the case. When Scott wrote his facts-are-sacred essay in 1921, he was already rowing against the tide. Less than a decade before, the opinions of the British people had been moulded – against their prior wishes – to accept the necessity of going to war. And, as Scott knew well enough at one point in the war, sacred facts confided by a journalist to the prime minister, David Lloyd George, about the horrors of the frontline were kept from the public in order to prevent a peace movement gaining hold. That is not to say that Scott's intentions were not honourable. Nor is it to say that we should simply accept the situation and dispense with fact-hunting altogether. But it is hugely important to highlight the fact, yes the fact, that opinions continue to hold sway in all news output. That, of course, is the major role of media commentators: to make transparent to as wide an audience as possible, as often as possible, the underlying messages of so-called facts. I write this in the knowledge that it is a self-serving, self-justifying statement. However, I do so because it concerns me that too few mainstream media outlets now cover the media. This is especially worrying at a time when opinions overshadow facts and at a time of media transition. Facts, as that Guardian editorial said, "need to be tested". Not only that. Given that contested facts – factoids, perhaps? – influence those opinions, it is crucial to provide a running analysis of what lies behind the news.

I accept that plenty of non-journalists use social media to do that, and good for them. Their problem is in gaining the trust of a large enough audience in order to hold the fact-twisters to account. For the foreseeable future, that should be a major task for mainstream media. If journalism is to have any value to society then it has to analyse itself. What is at issue here is truth and trust. Newspapers may be in their death throes, at least in print form. But we must not abandon our task because we know, do we not, the answer to that question about who should guard the guards? *(814 words)*

Annotations

line 2: *adage:* short statement or proverb
line 2: *CP Scott:* Charles Prestwich Scott (1846–1932), British journalist, editor and owner of *The Manchester Guardian* (now *The Guardian*)
line 19: *sacrilegious:* treating a holy thing or place without respect
line 23: *to dislodge:* to force or knock sth out of its position
line 25: *spin:* here: a certain way of presenting information
line 29: *to purvey:* to provide, to supply
line 29: *MSM:* abbreviation for "mainstream media"
line 36: *to mould:* here: to strongly influence someone's opinion
line 43: *to hold sway:* to have or exert great control or influence (over sb)
line 53 f.: *to hold to account:* to require a person to explain or to accept responsibility for his or her actions
line 56: *throe:* violent pain

Read the ten statements and say whether they are true or false. Give quotations from the text to support your decision and also add the corresponding **line number(s)**. Make sure you **only quote the most relevant part(s) of the sentence(s)**.

1 Writing an article, journalists cannot use all the facts they have collected.

2 It is a journalist's job to let the readers know why he has taken a certain economic and political decision.

3 The truth is something everyone can agree on.

4 The newspapers of the last two centuries published more objective facts than today's.

5 A reader's attitude or opinion can be changed quite easily.

6 On social media it is easier to find out the truth because "pure facts" are presented there.

7 In 1921, propaganda tried to convince the British people that war was inevitable.

8 Journalists should keep to researching and presenting the news without digging further.

9 Unfortunately, there are no users of social networks who, like journalists, want to uncover the truth behind pieces of information.

10 Despite the competition from digital media, the printed press has a strong and secure position.

TEXTPRODUKTION

40 VP

Bearbeiten Sie Aufgabe 1 **und** Aufgabe 2.

Aufgabe 1: Text-based composition

6 VP Inhalt / 9 VP Sprache

"When Scott wrote his facts-are-sacred essay in 1921, he was already rowing against the tide." (ll. 34/35)
Explain the quotation with reference to the text and then summarise a journalist's basic editing tasks and the major role of media commentators today.

Aufgabe 2: Composition

10 VP Inhalt / 15 VP Sprache

Bearbeiten Sie **eine** der beiden folgenden Aufgaben:

2a Internet shopping enjoys steadily increasing popularity.
Discuss the positive and negative effects of electronic shopping.

or

2b The industrialised countries account for 10 per cent of the world's population. These nations, however, hold almost 90 per cent of the world's wealth. The rest of the world makes do with the remaining ten per cent or less of "world wealth".
Analyse the reasons for the unequal distribution of wealth and prosperity in the world today and suggest solutions to the problem.

Lösungen

LESEVERSTEHEN

TIPP

- **Zu 1:** Journalisten müssen Fakten auswählen und ordnen.
- **Zu 2:** Journalisten sollen ihre Leser mit Informationen versorgen, damit diese sich ihre eigene Meinung bilden und Entscheidungen treffen können.
- **Zu 3:** Die Wahrheit wird in den Medien oft verschieden ausgelegt.
- **Zu 4:** Die Zeitungen des 19. und 20. Jahrhunderts waren in ihrer Berichterstattung nicht objektiver als die heutigen.
- **Zu 5:** Es ist schwer, Leser von ihrer vorgefassten Meinung abzubringen.
- **Zu 6:** In den sozialen Medien werden statt objektiven Informationen v. a. Meinungen verbreitet.
- **Zu 7:** Die Propaganda für den Krieg fand einige Jahre vor 1921 statt.
- **Zu 8:** Journalisten sollten gerade angesichts umstrittener Fakten auch den Hintergrund von Nachrichten beleuchten.
- **Zu 9:** Es gibt Menschen, die die neuen Medien nutzen, um wie Journalisten den Wahrheitsgehalt von Nachrichten zu hinterfragen.
- **Zu 10:** Die Printmedien kämpfen ums Überleben, und es ist nicht sicher, ob sie es schaffen werden.

1 **true:** ll. 7/8: “They involve placing facts in some kind of order and, crucially, omitting some altogether.”

2 **false:** ll. 11/12: “Providing the public with the necessary ‘information’ on which to base their views enables them to make political, economic and social decisions.”

3 **false:** ll. 13–15: “Anyone reading newspapers each day or watching TV news or listening to radio bulletins [...] will know that truth turns out to be a moving target.”

4 **false:** ll. 18/19: “The newspapers of the 19th and 20th centuries were no more ‘factual’ than those published today.”

5 **false:** ll. 21–23: “Everyone who consumes the news does so with their views and attendant assumptions in place, and they are difficult to dislodge.”

6 **false:** ll. 28/29: “The output on social media is not only less fact-free than that purveyed by the hated MSM, it is overly dominated by opinions.”

7 **false:** ll. 35–37: "Less than a decade before, the opinions of the British people had been moulded [...] to accept the necessity of going to war."

8 **false:** ll. 50/51: "Given that contested facts [...] influence those opinions, it is crucial to provide a running analysis of what lies behind the news."

9 **false:** ll. 52–54: "I accept that plenty of non-journalists use social media to do that, and good for them. Their problem is in gaining the trust of a large enough audience in order to hold the fact-twisters to account."

10 **false:** ll. 56/57: "Newspapers may be in their death throes, at least in print form."

TEXTPRODUKTION

Aufgabe 1: Text-based composition

TIPP

The key points are:

- introduction (relation to the text):
  Scott's fundamental law for journalists had already been violated when he laid it down; disturbing war news were not published for political reasons
- main part:
  - journalist's basic tasks: collect, sort, arrange facts; compose news story
  - major role today: not only present facts, but look behind them
- conclusion: journalists have complex obligations

The quotation refers to the "philosophy" (l. 1) the British journalist C. P. Scott presented in 1921: "facts are sacred" (ll. 2/3). According to the author of the text, this fundamental law for journalists had already been violated less than ten years before Scott formulated it (cf. ll. 35/36). News about the horrors of World War I were withheld from the public because disturbing reports would probably have changed the British people's view that going to war was necessary and would possibly have triggered a peace movement (cf. ll. 37–40).
Based on C. P. Scott's quotation, the author of the article lays out the tasks and responsibilities of journalists and media commentators.
He points out that "editors train trainee reporters to 'get the facts'" (l. 3). This means that a journalist's primary task is to collect factual information. The next step is to sort the accumulated material and arrange the items in "some kind of order" (l. 5), which is not an easy process (cf. ll. 5/6). The composition of the final version which will go to print requires the journalist to decide what is important and which bits can be left out (cf. l. 8).

The author of the article does not believe that "a collection of facts adds up to some kind of truth" (ll. 9/10). As there is no absolute truth ("truth turns out to be a moving target", ll. 14/15), it is not sufficient to merely supply readers with factual information. In the author's view, journalists are not mere collectors and presenters of facts; their major task today in the age of social media is "to make transparent […] the underlying messages of so-called facts" (ll. 44/45).
As can be seen from the text, a journalist's task is fairly complex. Reporters are not only confronted with the difficult job of collecting, sorting and presenting factual information, but they must also dig deeper and try to reveal the truth behind the facts.

(330 words)

Aufgabe 2: Composition

a **TIPP**

The key points are:

- introduction: Internet shopping: significant part of the retail sector
- main part:
  firms:
  a) positive effects:
    - offering products on the web saves money
    - sellers can offer a greater variety and attract more customers
  b) negative effects:
    - high street shops suffer
    - increased traffic because of parcel-delivery services
    - bad working conditions for warehouse employees and delivery drivers

  customers:
  a) positive effects:
    - shopping from home more convenient
    - more choice available
    - buyers can compare prices more easily
  b) negative effects:
    - product cannot be touched or tried on
    - online payment secure?
- conclusion: firms and customers profit from e-commerce, but some people will always prefer analog shopping

Internet shopping has become a significant part of the retail sector and market analysts predict that it will increase even more. Firms and shoppers alike have discovered the advantages of electronic commerce offers.
Many companies use the Internet as an additional channel for selling their goods. By offering their products on the web, they can save money. They do not have to pay rent

and overheads for a shop in the city centre, for example. Instead, goods are transported to the customer directly from the warehouses. In addition, when firms use the web as their platform, they can offer prospective buyers a much greater variety. As space in the online store is not limited as it is in a real shop, companies can display their complete range. What is more, by presenting their goods in an online shop, businesses can attract a much larger number of people than in a real shop.
However, the more people buy online, the less they will spend in real shops, which means that the success of online shopping will increase competition on the market, making survival for smaller firms and high street shops more difficult. Today consumers can buy virtually anything online, for example on Amazon, which has become the world's largest online retailer, and for many people their main shopping source. Amazon and other online shopping sites collect their customers' data and establish detailed user profiles based on browsing habits, search requests and wish lists, which enables them to target shoppers with specific advertising. Online orders are usually dispatched within a very short time thanks to the work of warehouse employees ("order pickers") and delivery drivers. Every day hundreds of thousands of parcels are shipped and delivered by an army of delivery trucks and vans which contribute to increased traffic in cities. Furthermore, delivery men and workers in warehouses have frequently complained about bad working conditions, including work pressure, long hours, short breaks, changing shifts and constant camera or GPS surveillance.
On the other hand, shoppers profit from electronic commerce. It is often more convenient for customers to do their shopping without leaving the house. There are no closing times they have to observe, so above all those people who have to work long hours can do their shopping late in the evening, at weekends or at any time they prefer. Online shops are open 24 hours a day, seven days of the week. Customers will also find a larger variety on offer and they can compare prices much more easily on the Internet than they could in the real world, running from one shop to another. One disadvantage of online shopping, though, is that you cannot touch a product, nor can you try it on immediately. There are still people who prefer buying clothes in a real store where they can feel the material of a dress, for example, or find out whether a pair of shoes really fits. For some people giving bank account or credit card information over the net is an obstacle. Over the years, however, online payment has become much more secure so that fraud has become more difficult.
To sum things up, I would say that for many firms, especially for bigger ones and those that offer a rather specialised range of products, e-commerce is a worthwhile distribution channel. Customers will also profit from online shopping if they use it wisely. Consequently, online shopping will become more popular. As to high street shops, in my opinion there will always be someone who prefers the analog way of shopping. Although products may cost a bit more in a real shop, these shoppers are prepared to pay a little extra, because they say it's more fun to have a day out shopping in the real world than doing it online. *(631 words)*

b **TIPP**

The key points are:

- introduction: luxury and surplus in industrialised countries – fight for survival in developing countries
- main part:
  reasons for disparity:
  - climatic conditions (floods and droughts)
  - destruction of harvests brings about hunger and starvation
  - overpopulation – high birth rates
  - inefficient farming, low agricultural output
  - tribal warfare, corruption, undemocratic governments

  possible solutions:
  - development aid not ideal solution, but still necessary
  - basis for a sound economy: peace, democracy, legal security
  - education especially for women and children
  - development of agriculture and industry

When we look at the world around us, it is obvious that in the rich countries we live in we have a world of plenty. The choice of cars, electronics, clothing, medicines and foodstuffs is mind-boggling. In developing countries, on the other hand, millions of people cannot enjoy the comforts that we take for granted; worse still, millions are starving and fighting for survival. What are the main reasons for this unequal distribution of prosperity?

To start with, the climatic conditions certainly play a part. Extreme weather conditions regularly cause floods in Bangladesh, for example, or droughts in Sudan and the Sahel zone. The destruction of harvests causes starvation. Fathers and mothers in Africa and the Far East are often unable to feed their families, and every day thousands of children die of diseases and starvation. Charity organisations warn that by 2050, hunger and child malnutrition could increase by up to 20 percent as a result of climate-related disasters.

Another reason for the disparity between the northern countries and the global south is overpopulation. More than 7 billion people live in the world today, of which almost 6 billion reside in less developed regions according to a United Nations report. Birth rates are high due to religious beliefs, lack of contraception and the fact that in India and Africa, for example, children are "insurance" for old age. Consequently, there are too many mouths to feed and the often low agricultural output cannot supply demand.

Subsistence farming in developing countries is another factor responsible for the differences between North and South. In Western countries, agriculture is most efficiently organised, and farmers and agribusiness produce more food than people can consume. Consequently, a lot of food – too much – is wasted. In contrast, peasants in developing countries work their small pieces of land, often hardly producing enough food for their own families. It is not surprising that many people suffer from malnutrition.

Other reasons for the imbalance include the existence of feudal systems with frequent tribal disputes between so-called war lords, corruption at all levels, undemocratic governments and, probably most important of all, lack of education. Without proper training and education, it is almost impossible for people in poorer countries to help themselves out of their misery. This means that they will continue to depend on foreign aid and donations.

Development aid and charity campaigns such as Band Aid are helpful – but only to a certain extent. Some economics experts even say that aid to developing countries does more harm than good, for example when it is hoarded by the privileged few. However, aid will be necessary as long as poor countries can't sustain themselves. The aim should be to develop an economy which enables people to lead decent lives. Peace, democratic government and legal security are the basis for a sound economy. One way to achieve this is education and the empowerment of women. Another is to develop agriculture and industry, which would eventually make poor countries independent of foreign assistance. This, in my opinion, is the best way of reducing the disparity between the prosperous North and the poor South. *(519 words)*

PRÜFUNGSAUFGABEN

TEIL I: AUFGABENFOKUS LESEVERSTEHEN 10 VP

Text **These Are the 5 Reasons Why the U.S. Remains the World's Only Superpower – Why Washington can still claim global primacy in the 21st century**

From the pages of TIME

A 'superpower' is a country that has enough military, political and economic might to convince nations in all parts of the world to do things they otherwise wouldn't. Experts have rushed to label China the next superpower – and so have many ordinary Americans – but the rumors of America's decline have been greatly exaggerated. In the key categories of power, the U.S. will remain dominant for the foreseeable future. These facts show why America is still the world's only superpower, and why that won't change anytime soon.

Economics

China's economy is growing at an impressive rate. But it's not just the size of an economy that matters – it's also the quality. According to the World Bank, GDP per capita in the US was $ 53,042 in 2013; in China it was just $ 6,807. In other words, little of China's dramatic economic growth is finding its way into the pockets of Chinese consumers – the by-product of an economy driven by massive state-owned enterprises rather than private industry. China's headline growth may be higher, but it's the U.S. economy that's allowing its citizens to grow along with it. And crucially, the American economy remains the heart of the global financial system. Over 80 % of all financial transactions worldwide are conducted in dollars, as are 87 % of foreign currency market transactions. As long as the world continues to place such faith in America's currency and overall economic stability, the U.S. economy remains the one to beat.

Military

America's military superiority remains unrivaled – full stop. The U.S. accounts for 37 % of global military spending, and spends more than four times what China, the world's No. 2 spender, does on its military. The U.S. dominates across land, sea, air and space. America's Middle East misadventures gave the U.S. military a black eye, but the wars in Iraq and Afghanistan speak more to the changing nature of warfare than declining U.S. military superiority. Terrorists and guerilla fighters give conventional military powers fits by design. The U.S. must ultimately learn to scale down to better meet those challenges. Nevertheless, while conventional military strength might not deter terrorists, it still does a terrific job of deterring hostile nations.

Political Influence

Political power comes in many dimensions. For the U.S., foreign aid is an effective way to cement its political power and influence globally. In 2013, the U.S. spent $ 32.7 billion on financial assistance; second was the UK at $ 19 billion. It turns out that money buys strong political cooperation from countries in need. But in order to have political power abroad, you must first have stability at home. The U.S. has the oldest working national constitution in the world, as well as strong institutions and rule of law to accompany it. While far from perfect, the governing document created by America's founding fathers has evolved along with its people. The numbers show the enduring attraction of this system: 45 million people living in the U.S. today were born in a foreign country. That is more than four times higher than the next highest country. For many people around the world, America remains the ideal place to start a new life.

Innovation

Of the 9 largest tech companies in the world, 8 are based in the U.S. Given the growing importance of the technology sector, that's a big deal. For decades, America worried about energy dependency, yet today America is the world's No. 1 producer of oil and natural gas, partly due to the development of hydraulic fracturing, a product of public research and private energy. America's research universities and scientific institutions are best in class, allowing the nation to focus its ingenuity where it's needed most. And America is spending the money to keep its comparative advantage intact: 30 % of all research and development dollars are spent in the U.S.

Culture / Lifestyle

In 2012, Americans spent $ 370 million on pet costumes. Earlier that year the *Fury 325* opened up in North Carolina, claiming the title of the world's tallest rollercoaster – until 2016, when the next 'giga' coaster was opened in Orlando, Florida. In the most recent *Charities Aid Foundation* survey, Americans ranked # 1 internationally when it came to helping strangers.

These statistics may seem disconnected, but together they point to the fact that Americans continue to enjoy a quality of life unmatched by the rest of the world. When you combine this with America's strength across the board in economics, military, political influence and innovation, it is no wonder that the U.S. enjoys its privileged position in the world today.

Superpower indeed.

(780 words)

Ian Bremmer: These Are the 5 Reasons Why the U.S. Remains the World's Only Superpower. In: time.com, May 28, 2015.

Annotations
line 27: *to give someone fits by design:* jemandem das Leben absichtlich schwermachen
line 27: *to scale down:* verkleinern
line 59: *across the board:* flächendeckend

Aufgabe 1 — 6 VP

Entscheiden Sie, ob die Aussagen zum Text *These Are the 5 Reasons Why The U.S. Remains the World's Only Superpower* richtig oder falsch sind.
Begründen Sie Ihre Entscheidung auf Deutsch in vollständigen Sätzen.

Aussagen zum Text:

1 A superpower has a number of ways to make other nations change their planned course of action.

2 China's citizens benefit from their country's economic growth as much as U.S. citizens benefit from America's economic growth.

3 The wars in Iraq and Afghanistan show that the U.S. military is becoming weaker.

4 America's military is strong enough to eventually fight terrorism successfully.

5 America's founding fathers have created a perfect constitution.

6 Americans' willingness to support other people financially is unrivaled in the world.

Aufgabe 2 — 4 VP

Nennen Sie die Aspekte, die laut Text belegen, dass die USA wahrscheinlich das innovativste Land der Welt sind.
Erstellen Sie eine Liste auf Deutsch in vollständigen Sätzen.
(vier Nennungen à 1 VP)

TEIL II: AUFGABENFOKUS TEXTPRODUKTION **50 VP**

Bearbeiten Sie Aufgabe 1 **und** Aufgabe 2.

Aufgabe 1: Text-based composition 10 VP Inhalt/15 VP Sprache

"It is no wonder that the U.S. enjoys its privileged position in the world today. Superpower indeed." (ll. 60 ff.)
Explain the quotation in relation to the text and then illustrate why the U.S. is, however, generally criticized by other countries.

Aufgabe 2: Composition 10 VP Inhalt/15 VP Sprache

Bearbeiten Sie **eine** der beiden folgenden Aufgaben:

a Some European governments are erecting fences along their borders to make Europe a fortress and to close its doors on the flood of refugees.
Discuss the pros and cons of this "closed-door" policy in regard to Europe.

or

b Italy closed down its nuclear power plants after the Chernobyl disaster in 1986. Germany will do so by 2022 due to the Fukushima catastrophe in 2011. However, there are still supporters as well as opponents of this measure.
Discuss the pros and cons of nuclear power.

TEIL I: AUFGABENFOKUS LESEVERSTEHEN

Aufgabe 1

1 Diese Aussage ist richtig.

Begründung: Eine Supermacht verfügt über die militärische, politische und wirtschaftliche Macht, um die Entwicklung in anderen Ländern in ihrem Sinne bzw. zu ihrem Vorteil zu beeinflussen.

Textbeleg: "A 'superpower' is a country that has enough military, political and economic might to convince nations in all parts of the world to do things they otherwise wouldn't." (ll. 1 f.)

2 Diese Aussage ist falsch.

Begründung: Chinas Wirtschaft wächst zwar sehr stark, doch profitieren die chinesischen Verbraucher nicht davon, wie die Zahlen des Bruttoinlandsprodukts pro Kopf belegen.

Textbeleg: "In other words, little of China's dramatic economic growth is finding its way into the pockets of Chinese consumers" (ll. 11 ff.)

3 Diese Aussage ist falsch.

Begründung: Die Vormachtstellung der US-Armee ist weiterhin unangefochten. Die militärischen Fehlschläge im Irak und in Afghanistan sind v. a. auf die veränderte Art der Kriegsführung zurückzuführen.

Textbeleg: "America's military superiority remains unrivalled – full stop. (...) America's Middle East misadventures gave the U.S. military a black eye, but the wars in Iraq and Afghanistan speak more to the changing nature of warfare than declining U.S. military superiority." (ll. 21 ff.)

4 Diese Aussage ist falsch.

Begründung: Die USA müssen ihre Taktik ändern, d. h. ihr Militär verkleinern und flexibler aufstellen, um den Kampf gegen Terroristen und Guerillas erfolgreich zu führen.

Textbeleg: "Terrorists and guerrilla fighters give conventional military powers fits by design. The U.S. must ultimately learn to scale down to better meet those challenges." (ll. 26 ff.)

5 Diese Aussage ist falsch.

Begründung: Die von den Gründervätern erschaffene Verfassung ist nicht perfekt, vielmehr hat sie sich im Lauf der Zeit den Menschen und Gegebenheiten angepasst.

Textbeleg: "While far from perfect, the governing document created by America's founding fathers has evolved along with its people." (ll. 37 f.)

6 Diese Aussage ist richtig.

Begründung: Die neue Studie einer Wohlfahrtsorganisation belegt, dass die Amerikaner im internationalen Vergleich am meisten spenden, wenn es darum geht, anderen zu helfen.

Textbeleg: "In the most recent Charities Aid Foundation survey, Americans ranked #1 internationally when it came to helping strangers." (ll. 54 ff.)

Aufgabe 2

TIPP

Die Belege für die Behauptung, dass die USA das wohl innovativste Land der Welt sind, werden in folgenden Zeilen angeführt.
geforderte Maßnahmen:

- "Of the 9 largest tech companies in the world, 8 are based in the U.S." (l. 43)
- "No. 1 producer of oil and natural gas, partly due to the development of hydraulic fracturing." (ll. 45 f.)
- "America's research universities and scientific institutions are best in class." (ll. 47 f.)
- "30 % of all research and development dollars are spent in the U.S." (ll. 49 f.)

- Von den neun größten Technologieunternehmen haben acht ihren Sitz in den USA.
- Die USA sind dank neuester Technologien der weltweit größte Öl- und Erdgasproduzent.
- Amerikas Universitäten und Forschungseinrichtungen sind die besten der Welt/ sind weltweit führend.
- 30 Prozent der gesamten Ausgaben für Forschung und Entwicklung werden in den USA investiert.

TEIL II: AUFGABENFOKUS TEXTPRODUKTION

Aufgabe 1: Text-based composition

TIPP

The key points are:

- introduction: explanation of the quotation (= reference to text)
  - author draws the conclusion that the US is still a superpower, evidence: US in top position in several areas
- main part: criticism
  - "America first": egocentric policy – Iraq intervention under pretext of fight
  - increasingly protectionist trading practices
  - violation of constitution: restriction of civil rights after 9/11
  - violation of human rights (Guantanamo)
  - lax gun laws: successful lobbying of NRA against stricter gun control
  - irresponsible in environmental matters: wasting energy, ruthless exploitation of natural resources, risky fracking technology
- conclusion: positive image of the USA which the author presents is challenged or partly tarnished

The author of the text concludes that the United States is still a superpower. To support this view, he presents five areas which prove America's superiority: The US is the world's leading economy, it is unrivalled as a military power, it has a dominant influence on world politics, it excels in innovation, and its culture and lifestyle is outstanding. However, in spite of this impressive list illustrating America's privileged position, the superpower is often seen in a less favourable light.

What are the most relevant points of criticism levelled at the US? Some countries criticise that US governments frequently use the country's economic power and political influence in an egocentric and ruthless way. During his election campaign and in his Inaugural Address, President Trump used a slogan which aptly describes this nationalist approach: "America first". This approach could already be observed in the "crusade against terrorism", which the Bush administration started after 9/11. Several European governments questioned the justification of the war, arguing the aim of the intervention was not to free the world from a regime which had "weapons of mass destruction" at its disposal but to secure American influence in the oil-rich region of the Persian Gulf. Similarly, today America's increasingly protectionist economic policy is criticised. Shortly after taking office, President Trump cancelled the negotiation of a trade agreement between the United States and the European Union, the Transatlantic Trade and Investment Partnership (TTIP), arguing the deal endangered American jobs. Economists warn that America's protectionist trading practices destroy free world trade, which most governments regard as profitable to all nations.

On many occasions, America has acted as the defender of civil and human rights. However, after the terrorist attacks of 2001, the US Administration introduced measures which violated the principles of the constitution. For example, law enforcement officials were entitled to conduct searches without warrants, which constitutes a violation of the Fourth Amendment protecting Americans from unreasonable searches and seizures. Furthermore, in its fight against terrorism the government allowed methods of torture (e. g. waterboarding) to be used on alleged terrorists. Many were detained without legal assistance at the US Naval Station Guantanamo Bay. What also shed an unfavourable light on the USA were the activities of its National Security Agency (NSA), which illegally monitored digital communication of US citizens, foreign governments and large companies. Whistleblower Edward Snowden, who decided to make the NSA's activities public, has been forced to live in exile in order not to be prosecuted by US authorities.

Another criticism concerns America's lax gun laws, which are linked to the high number of deadly shootings. Arguing that the Second Amendment entitles citizens to "keep and bear" arms, the country's powerful National Rifle Association (NRA) has rejected any proposals to restrict the easy acquisition of firearms (for example at gun shows or via the Internet) or improve background checks on gun purchasers. As a result of the heavy lobbying of the NRA, Congress always blocks or votes down legislation intended to reduce gun ownership.

In addition, most countries disapprove of the indifference which many Americans show to environmental issues. Together with China, the US is the world's biggest polluter. There are American politicians who ignore or even deny that the world is threatened by climate change. During his election campaign, Donald Trump promised to scrap the "harmful and unnecessary" climate action plan introduced by his more environmentally aware predecessor Barack Obama. Americans waste huge amounts of energy on heating or cooling their houses, which are not properly insulated. To cover the increasing energy demand and keep petrol prices down, natural resources are ruthlessly exploited. US companies are given permission to drill for oil in delicate environmental surroundings. Consequently, oil leaks and spills in Alaska, for example, have polluted shorelines and seriously affected the area's wildlife. Environmentalists also point to the risks of the now widely used hydraulic fracking to release gas from inside the earth.

All in all, the author of the text presents the positive sides and achievements of the USA. However, the image of the all-powerful nation is challenged or even tarnished because the country's enormous power is often used in a nationalist, selfish or ruthless way. *(694 words)*

a **TIPP**

The key points are:
- introduction: Hungary in 1989 and in 2015: from cutting down border fence to erecting a new one
- main part:
  pro closing doors:
  - reduce immigration numbers: prevent the feeling of being overrun by aliens, reducing fear of loss of identity
  - immigrants seen as burden on the welfare state and the economy
  - prevent the abuse of right of asylum by economic migrants
  - increase security: keeping out terrorists

  against closing doors:
  - free movement of people is a political achievement, EU Schengen agreement
  - immigration is economically profitable
  - money given to support refugees is spent in the country, local suppliers profit
  - granting asylum is an obligation: for humanitarian reasons, we must offer shelter
  - many terrorists "home-grown"
- conclusion:
  - Germany has coped with the enormous influx of asylum seekers and refugees
  - a more efficient system of registering refugees or asylum seekers is necessary to avoid abuse
  - humanitarian reasons should prevail
  - Hungarian reaction to detain all asylum seekers in container camps not a solution

In summer 1989, Hungary cut down its border fence with Austria to allow East Germans to make their way to West Germany. In 2015, the same country built a new fence on the border to its neighbour Croatia to close the route to the European Union for refugees and asylum seekers from Syria, Iraq, North African states and Afghanistan. This flood of immigrants, which became known as the migration crisis, made some other European governments think about closing their borders, too. What are the arguments for and against this "closed-door" policy?

One of the reasons for closing the borders is to reduce the number of newcomers. Since the mass arrival of migrants in 2015, many people in European countries have put pressure on politicians to restrict immigration because they feel overrun by aliens. They argue there are already too many foreigners in their countries. In some cities in England, for example, the white British population is dwindling while the percentage of ethnic minorities is increasing. Anti-migrant groups and right-wing populist parties fuel people's fears that their country's cultural identity will be lost and the influx of foreigners must, therefore, be stopped. In addition, some governments want to severely restrict immigration to prevent an abuse of the right to asylum. Many people suspect that a large proportion of migrants pretend to be refugees who in reality are not persecuted or have to fear for their lives but come for economic reasons, i. e. in search of work and a better standard of living. As these economic migrants are prepared to accept any work for low pay, they may be welcome to firms and employers, but allegedly take away jobs from native workers. Furthermore, some countries, among them the UK, argue that immigration must be stopped or reduced drastically because newcomers are seen as a burden on the national welfare system and the economy. The state, they say, must spend large sums of money to support new arrivals and their families, especially those with low or no qualifications. The most frequently mentioned argument against immigration, however, which also played an important role in the UK's decision to leave the EU, is the security issue. There have been incidents in which Islamic militants, or adherents of the Islamic State, slipped into the country pretending to be refugees. Therefore, a stop to immigration is demanded in order to keep out terrorists and increase national security.

On the other hand, there are also a number of arguments against closing the doors. To begin with, the free movement of people is a political achievement of the European Union. In the Schengen agreement, most EU members decided to do away with border controls at the frontiers of countries participating in the agreement. This principle of a borderless Europe where people are free to live and work anywhere in the community should not be sacrificed. In addition, people should realise that not all immigrants are a drain on a nation's budget. On the contrary, many are a boon because they contribute to the economy. For example, many Eastern Europeans who arrived in the UK after 2005 opened shops, thus creating employment; others filled jobs which the native workers did not want or were not qualified to take. The UK's National Health Service would have problems to provide effective care without non-British nurses and doctors. Generally speaking, migrant workers are an advantage, in particular to a society where the workforce is shrinking for demographic reasons. Immigrants in employment pay taxes, thus returning much of the allowance they received when they first arrived. Opponents of immigration should also take into account that the support which refugees and asylum seekers receive is spent in the country, which means local suppliers (grocers, bakers, hardware and furniture shops etc.) profit from newcomers. Furthermore, granting asylum is an obligation for any modern democracy. For humanitarian reasons, we must offer shelter to individuals and families who are in distress, fleeing from civil wars, persecution, hunger or desperate poverty. Most of all, the argument that closed immigration doors will keep terrorists out does not carry far because many atrocious acts have been committed by so-called "home-grown" terrorists. This means the perpetrators did not immigrate as refugees into the country. They were born and bred there, as the example of the London bombers of 2005 or the Westminster attacker of 2017 proves. It is true that some terrorist attacks were carried out by extremists who had arrived as asylum seekers, but we should not generalise and see immigration only as a threat to our national security.

Considering the pros and cons, I would say that we should keep the doors open, especially for families with children who have suffered terrible physical or psychological pain. We should not follow the Hungarian government in detaining asylum seekers in container camps. Instead, it is necessary to improve international cooperation of intelligence services and speed up asylum processing while tackling the causes of war and poverty. This is a better way of guaranteeing security and protecting our open and free society than closing the doors. *(843 words)*

b **TIPP**

The key points are:

- introduction:
  - serious incidents at nuclear power plants; Fukushima: Germany's reaction
  - France heavily dependent on nuclear power, UK: new reactor
- main part:

  pro nuclear power
  - atomic power: non-polluting, no exhaust fumes
  - cheaper than building new power lines or extending power grid
  - nuclear power more reliable than alternative energy sources
  - storage of excess electricity from alternative sources not yet possible
  - wind parks can spoil landscape, kill wildlife

  against nuclear power
  - atomic power has become expensive: stricter safety regulations for new constructions
  - decommissioning and dismantling of old facilities costly
  - storage of radioactive waste problematic
  - nuclear reactors are dangerous: radioactive fallout; alternatives are safer
  - selling technology to exploit renewable sources is good business
- conclusion: more countries should generate energy from renewable sources, and increasing energy efficiency is better than building more nuclear power stations

Serious incidents at nuclear power plants such as Three Mile Island in Pennsylvania in 1979, or the Chernobyl disaster in 1986 sent out warnings about the dangers of generating energy in atomic power stations. Despite these accidents, nearly all nations adhered to this technology until 2011, when the dramatic events at Fukushima in Japan made several countries rethink their energy policy. The German government, for example, decided to phase out atomic power and use alternative sources instead. Others, such as France and the United Kingdom, dismissed the Fukushima disaster as resulting from outdated technology, and continue using nuclear power or are even determined to build new atomic power plants because they are heavily dependent on nuclear energy. For example, three-quarters of French electricity is generated in the country's 58 reactors. The British government even gave building permission for a new reactor. What are the arguments of opponents and supporters of nuclear power?

Advocates of nuclear power argue that it is a clean source of energy in contrast to burning fossil fuels because it does not release toxic greenhouse gases into the atmosphere, which are responsible for global warming. Furthermore, nuclear power can be more reliable than alternative sources, such as sun, wind or water. As power from these renewables cannot be generated on cloudy or on wind-still days and nights, economies might experience power shortages and blackouts. Besides, efficient methods to store excess electricity from alternatives have not yet been developed. What is more, nuclear power can be cheaper than alternative power because high investments, at least in the beginning, are necessary to transport electricity generated in offshore wind parks in the North Sea to where power is needed, e. g. in southern Germany. Building new power lines and extending the grid would make this kind of energy more expensive initially. Last but not least, many people are opposed to wind parks, for example, as in their view they spoil the landscape, and they can be noisy and kill wildlife such as birds or bats.

On the other hand, there are serious arguments against atomic power. It is not as clean or cheap as the nuclear energy industry wants to make people believe. Stricter safety regulations have recently been passed which make the construction and maintenance of new plants even more expensive. An analysis of nuclear projects in Florida and Georgia showed that the power provided by the new plants would cost more per kilowatt than renewable energy sources. Moreover, the costs for decommissioning and dismantling old facilities can amount to hundreds of millions of dollars or euros. Another argument against nuclear power is the problem of how to store the radioactive waste from spent nuclear rods. Radioactive materials have half-lives of hundreds to thousands of years and cannot be treated in a conventional chemical way. The search for, and the management of, safe repositories present enormous challenges. However, what worries people most about nuclear energy is safety. In Chernobyl or Fukushima, radioactive fallout spread to large areas, affecting the lives and health of millions. People are also concerned about reports of increased numbers of leukemia cases in children living in the vicinity of nuclear power plants and other nuclear installations, for example in Sellafield in Cumbria. In the eyes of many, alternative sources are a safe alternative. In addition, developing and exporting technologies to exploit renewable sources can be a profitable business for private companies and a country's economy. For example, innovative firms can earn good money by selling the technology of how to install and manage a solar power generation unit to other countries.

It is obvious that not all countries can follow the German example and phase out or close down nuclear reactors in the near future. However, weighing the pros and cons of atomic power, I would say that more countries should increase their efforts to generate energy from renewable sources because they are safe, clean and cheaper in the long run. Instead of building more and more atomic facilities and thus increasing the hazards connected with nuclear technology, we should also make buildings, cars, houses and household appliances more energy-efficient. Saving energy is better than relying on atomic power. *(694 words)*

TEIL I: AUFGABENFOKUS LESEVERSTEHEN 10 VP

Text Mass migration is no 'crisis': it's the new normal as the climate changes

I've been interested in the way the migrant crisis is being debated in politics and the media. It's that word 'crisis' that is particularly striking. It suggests that what we're seeing in Europe is an aberration, a temporary disaster to be 'solved' by politicians. [...] There is only one problem with calling this phenomenon of migration a crisis, and that is that it's not temporary: It's permanent. Thanks to global climate change, mass migration could be the new normal.

There are lots of estimates as to what we can expect to see in the near future. The most controversial figure comes from Professor Norman Myers, who argues that climate change could cause 200 million people to be displaced by 2050. In fact, it's already happening. [...] A new study suggests this is exactly what happened in Syria, after a severe drought in 2006. As the study's co-author, Professor Richard Seager, explains: "We're not saying drought caused the Syrian conflict. We're saying that added to all the other stressors, it helped kick things over the threshold into open conflict." [...]

Syria now has the highest number of refugees in the world. A new government-commissioned report on the threatening climate-induced food shortage suggests that "the rise of Isis may owe much to the food crises that caused the Arab spring".

In his book, *Collapse: How Societies Choose to Fail or Succeed*, Jared Diamond points out that the most environmentally stressed places in the world are the most likely to have conflicts, which then generate refugees. Rapid climate change will environmentally stress lots of developing countries.

But it's not just conflicts exacerbated by climate that will create refugees: climate change is likely to cause mass migration. As Simon Lewis, professor of global change science at *University College London* puts it: "Climate and vegetation zones are shifting, so the Mediterranean will likely keep getting drier this century, with knock-on negative social and economic impacts. That will be tough for Spain, Italy and Greece, where significant numbers of people may move north, and of course, displaced people from elsewhere wouldn't stay in the Mediterranean, they'd keep travelling north." [...]

In a 2014 paper, *Migration as Adaptation*, Kayly Ober suggests migration is a good way of dealing with the imminent effects of climate change. She argues that the international community's thoughts should "turn from curbing greenhouse gas emissions to dealing with an already altered world".

The idea of millions of migrants being assisted to move to Western Europe should not scandalise the Daily Mail because migration might be a form of adaptation many Britons may also have to consider. According to the Environment Agency, 7,000 British properties may be lost to rising sea levels over the next century. These people too will need to be relocated.

So what do we do about climate migration? The first step is to change our perceptions. We need to process the fact that migration isn't going to go away or be 'solved'. In all likelihood, it will become more common; a new normal.

The second step is obvious – we must all be more active in pushing governments to take more decisive action to reduce global greenhouse emissions, so that more people can remain safely in their homes and communities.

For its part, Britain must adhere to international commitments to reduce emissions in line with keeping global warming below dangerous levels as well as providing adequate funds for adaptation to climate change. [...]

And finally, we need to urgently address the current strategies western governments are using to deal with migration, and the almost radical commentary that often accompanies these strategies. There is a strong case for Britain to take a substantial number of climate refugees: as the first country to industrialise, we need to take historical responsibility for climate change, and should take into account our historical carbon emissions and their effects when responding to mass climate migration.

The migration we are witnessing is not a state of exception: it is the beginning of a new paradigm – and how we choose to respond to it reflects on who we fundamentally are as a society. We must deal with the victims of this permanent crisis in a compassionate way, not just for their humanity but also for our own. *(721 words)*

Annotations

line 17: *to owe something to: hier:* auf etwas zurückzuführen sein
line 17: *Arab spring:* a series of uprisings in Arab countries, beginning in 2010, in which protesters challenged the existing authoritarian regimes
line 22: *to exacerbate:* to make something worse
line 25: *knock-on:* causing other events to happen one after another in a series

Aufgabe 1 — 5 VP

Entscheiden Sie, ob die Aussagen zum Text *Mass migration is no 'crisis': it's the new normal as the climate changes* richtig oder falsch sind.
Begründen Sie Ihre Entscheidung auf Deutsch in vollständigen Sätzen.

Aussagen zum Text:

1 The author thinks that the word 'crisis' is the correct term to describe the phenomenon of mass migration.

2 Changes in weather patterns and plant life will have enormous negative effects on societies and economies across the Mediterranean.

3 Kayly Ober indicates that dealing with migration should have priority over reducing greenhouse gas emissions.

4 The Environment Agency predicts that Britons may also be affected by climate change.

5 According to the author, it is the moral duty of the British people to support those people who suffer from the effects of global warming.

Aufgabe 2 — 5 VP

Welche Maßnahmen fordert die Autorin von Großbritannien im Umgang mit dem Klimawandel und der damit zusammenhängenden Migration? Welche Begründungen werden genannt?
Erstellen Sie eine Liste auf Deutsch in vollständigen Sätzen.
(fünf Nennungen à 1 VP)

TEIL II: AUFGABENFOKUS TEXTPRODUKTION — 50 VP

Bearbeiten Sie Aufgabe 1 **und** Aufgabe 2.

Aufgabe 1: Text-based composition — 10 VP Inhalt/15 VP Sprache

"... Jared Diamond points out that the most environmentally stressed places are the most likely to have conflicts, which then generate refugees." (ll. 18–20)
Explain the quotation in relation to the text and then illustrate how the environment is endangered by human activities.

Aufgabe 2: Composition — 10 VP Inhalt/15 VP Sprache

Bearbeiten Sie **eine** der beiden folgenden Aufgaben:

a From SIRI to self-driving cars, Artificial Intelligence (AI) is progressing rapidly. While Science Fiction often portrays AI as robots with human-like characteristics, AI can include anything from Google's search algorithms to autonomous weapons.
Discuss the chances and risks of Artificial Intelligence for mankind.

or

b Brexit has shown that the United Kingdom is a split nation. A narrow majority of the population voted to leave the European Union, the others wanted to stay.
Discuss the advantages and disadvantages of Brexit for the UK.

TEIL I: AUFGABENFOKUS LESEVERSTEHEN

Aufgabe 1

1 Diese Aussage ist falsch.

Begründung: Die Verfasserin ist überzeugt, dass die Massenmigration keine zeitlich begrenzte Krisensituation darstellt, sondern wegen des Klimawandels zur Normalität werden könnte.

Textbeleg: "it's not temporary: It's permanent. Thanks to global climate change, mass migration could be the new normal." (ll. 5 f.)

2 Diese Aussage ist richtig.

Begründung: Da der Mittelmeerraum aufgrund des Klimawandels im Laufe dieses Jahrhunderts wahrscheinlich immer trockener wird, wird dies sozial und wirtschaftlich negative Folgen nach sich ziehen.

Textbeleg: "Climate and vegetation zones are shifting, so the Mediterranean will likely keep getting drier this century, with knock-on negative social and economic impacts." (ll. 24 ff.)

3 Diese Aussage ist richtig.

Begründung: Laut Kayly Ober sollte man sich mehr mit den durch Migration bedingten Veränderungen befassen als mit der Reduzierung von Treibhausgasen.

Textbeleg: "the international community's thoughts should 'turn from curbing greenhouse gas emissions to dealing with an already altered world'" (ll. 30 ff.)

4 Diese Aussage ist richtig.

Begründung: Aufgrund des steigenden Meeresspiegels werden tausende Briten ihre Häuser aufgeben und umgesiedelt werden müssen.

Textbeleg: "According to the Environment Agency, 7,000 British properties may be lost to rising sea levels over the next century. These people too will need to be relocated." (ll. 35 ff.)

5 Diese Aussage ist richtig.

Begründung: Laut der Autorin des Artikels ist es die moralische Pflicht der Briten, den Opfern des Klimawandels zu helfen.

Textbeleg: "We must deal with the victims of this permanent crisis in a compassionate way, not just for their humanity but also for our own." (ll. 55 f.)

TIPP

Die Belege für die Maßnahmen, die die Autorin von Großbritannien im Hinblick auf den Klimawandel fordert bzw. die Begründungen, die sie nennt, sind im Folgenden aufgeführt:

geforderte Maßnahmen:
- "Britain must adhere to international commitments to reduce emissions in line with keeping global warming below dangerous levels" (ll. 44 f.)
- "providing adequate funds for adaptation to climate change." (ll. 45 f.)
- "urgently address the current strategies western governments are using to deal with migration" (ll. 47 f.) / "a strong case for Britain to take a substantial number of climate refugees" (ll. 49 f.)

Begründungen:
- "as the first country to industrialise, we need to take historical responsibility for climate change" (ll. 50 f.)
- "should take into account our historical carbon emissions and their effects" (ll. 51 f.)

geforderte Maßnahmen:
- Großbritannien muss sich an die internationalen Verpflichtungen zur Emissionsminderung halten, die darauf abzielen, die Erderwärmung zu begrenzen.
- Das Land muss ausreichende finanzielle Mittel zur Verfügung stellen, die für die Anpassung an den Klimawandel nötig sind.
- Die Briten sollten sich dringend damit befassen, wie westliche Regierungen momentan mit der Herausforderung der Migration umgehen. /
  Großbritannien muss eine nennenswerte Zahl von Klimaflüchtlingen aufnehmen.

Begründungen:
- Als Mutterland der Industrialisierung muss sich Großbritannien seiner historischen Verantwortung für den Klimawandel stellen.
- Das Land sollte sich dessen bewusst sein, dass es durch seine CO_2-Emissionen den Klimawandel, und damit die klimabedingte Migration, mit verursacht.

TEIL II: AUFGABENFOKUS TEXTPRODUKTION

Aufgabe 1: Text-based composition

TIPP

The key points are:
- introduction (explanation of the quotation in relation to the text): topic: climate migration
- main part:
  a) explanation:
    - researchers: environmental issues lead to mass migration
    - examples: drought in Syria contributed to civil war
    - hunger crises in Arab states facilitated rise of Isis
  b) illustration of human activities:
    - air pollution: carbon-dioxide emissions from burning fossil fuels: hazard to human health
    - land (soil) pollution: deforestation: loss of valuable land, agriculture: agribusiness, monoculture affects plants and animal life
    - water pollution: use of chemicals in agriculture, other toxic waste, oil spills, plastic in the oceans
- conclusion: more efforts necessary to protect our planet

The text deals with climate migration, the forced flight of people from climate-related disasters. The author mentions several sources, such as Jared Diamond's book, which explore the link between global warming and migration, which the author believes will not be a temporary occurrence, but a permanent calamity.
Researchers have established evidence that environmental issues play a role in triggering a chain of events which, in the end, result in mass migration. For example, in Syria a drought contributed to the outbreak of the civil war in a country already beset with numerous problems. To save their lives, hundreds of thousands have been fleeing from the war, seeking refuge and asylum in foreign countries. Similarly, food crises in Arab countries may have also been among the reasons for the rise of Isis.
Although there are voices which argue that climate change is merely a natural phenomenon, there is ample proof that human activity has played a major role in global warming, so that temperatures today are about 1.2 degrees Celsius above pre-industrial ones. Since the days of the Industrial Revolution, man has damaged the land, water and air. Carbon-dioxide emissions from burning fossil fuels for electricity, heating and transportation have damaged the ozone layer and are harmful to human health. Air pollution is choking urban citizens and a large range of diseases and disorders, including asthma, cancer, heart disease, stroke, and premature birth can be caused by air pollution.

Deforestation, the large-scale cutting down or burning of forests, especially in the Amazon basin, has had a damaging effect on the global climate, too, because it releases large amounts of carbon dioxide into the atmosphere. In addition, when forests are cleared, the top soil is either washed away in tropical rains or blown away by the wind. These forests were cleared to sell the wood or to use the land for farming, such as grazing livestock. The changes in agriculture from traditional small-scale farms to modern agribusiness have also contributed to environmental damage. Vast tracts of monoculture crops, especially wheat and corn, have reduced the variety of plants and insects, which has led to a collapse in bird populations dependent on insects for food. Furthermore, to improve crop yields and supply food for a continually growing population, more pesticides and fertilisers are applied. Chemicals used in farming and contaminants from landfill (car battery acid, paint, household cleaners, etc.) have infiltrated the water system.
Water is further polluted by toxic industrial waste, untreated household sewage, detergents and spills from oil tankers. For years our oceans have been abused as dumping grounds. An enormous amount of waste, in particular millions of tons of indestructible plastic, such as cups, beakers, plates, straws, bottles and other containers thoughtlessly discarded, are the culprits for the pressing problem of marine pollution, which endangers the lives of many marine species.
In recent years, much has been done to reduce air pollution, to encourage chemical-free farming and to clean our rivers and oceans, but more efforts are necessary to protect our planet against the damage caused by human activity – and insofar minimise the causes of environmentally induced mass migration. *(519 words)*

Aufgabe 2: Composition

a

TIPP

The key points are:
- introduction: fateful confrontation between man and artificial intelligence in Arthur C. Clarke's story "2001: A Space Odyssey"; today artificial intelligence is the main technological driver of change with opportunities and threats
- main part:
  a) chances:
    - traffic: self-driving cars improve road safety
    - health: robots diagnose illnesses and carry out surgery, help as nurses
    - work: production by computer-driven systems, more efficient, relieve workers from dangerous jobs, analyse CVs

  b) risks:
    - traffic: autonomous cars not absolutely safe
    - health: robots have no emotions, cannot judge and evaluate a situation
    - work: fear of unemployment, disadvantages for less well-educated people

- social impact and fake news: total surveillance, creation of fake news, manipulation of people
- conclusion: more efforts necessary to protect our planet
  - majority of people still have reservations
  - prevent artificial intelligence from exceeding human intelligence

The classic example of a dangerous and fateful confrontation between man and artificial intelligence can be found in Arthur C. Clarke's story *2001: A Space Odyssey*. The astronauts on board the spacecraft Discovery One find out that the computer on board – named Hal – controls all systems and knows more about their journey than they themselves. Extremely worried about being completely at the mercy of a machine, they initially do not know what to do. Today, artificial intelligence and algorithms are regarded as the main technological drivers of change in several areas, presenting many opportunities and potential threats at the same time.

Major car manufacturers, for example, are working hard to develop self-driving cars, which use artificial intelligence to power the navigation system. Analysing data from various sensors and cameras, the car's computer can "see" its surroundings and react to changing circumstances more quickly than a human driver. Engineers are convinced that replacing human drivers will make our roads safer because self-driving cars don't get tired, angry, frustrated or drunk.

Artificial intelligence could someday also be of great help in the health sector. Intelligent robots can diagnose illnesses and carry out surgery. It might even be possible to develop robots for nursing. In Japan, robotic pets are already used in old people's homes for comfort and company against loneliness.

One of the most important fields where AI will make a difference is the world of work. In "smart factories" production is carried out by computer-driven machines, which communicate and cooperate with each other. Very little or no input from human operators is necessary. Robots are more efficient and relieve workers from monotonous or dangerous jobs, thus improving safety in the workplace. In the office, human resources managers can make use of AI systems to analyse CVs by algorithm to fill a vacancy with the best applicant.

Although the list of opportunities and improvements is rather impressive, there are also risks connected with artificial intelligence systems. Recent accidents with driverless cars have confirmed many people's suspicions that contrary to what engineers claim, autonomous cars are not absolutely safe. Malfunctions cannot be disregarded and machines can make mistakes – just like the humans who program them. However, as the development of automated cars is still in its beginnings, human-controlled vehicles are likely to remain on the roads for quite some time in the future.

Predictions that AI technology can be used to replace many human professionals, including physicians, are raising more and more concerns. Sceptics point out that robots do not have emotions or the same intelligence as humans. In contrast to a computer, a person can evaluate a situation and make the necessary decisions. In nursing, machines do not show empathy – at least not up to now – nor are they creative. These qualities are still uniquely human.

The increased use and importance of AI technologies also raises fears that workers will be made redundant. If robots perform most work in production and administration, many people will have problems finding work in the future. The job search will be especially difficult for less qualified people because what companies now need are highly trained specialists for IT consulting, design and testing of web sites and apps. The advance of AI might create a widening social gap between educated and non-educated, and employed and unemployed people in our society. In addition, artificial intelligence can help managers to gain almost complete control over their staff. For example, ID badges or wristbands could be used to track employees around the office or in the warehouse. Surveillance is not limited to the workplace: AI analyses data users reveal on their Google or Amazon accounts or photos they send or post online. In this way, artificial intelligence makes ubiquitous surveillance possible. Last but not least, AI technology can be used to manipulate people. With the help of the latest AI technology it is possible to generate and distribute misinformation, fake news and photorealistic fake videos.

Today, the majority of people still have reservations and point to the risks of artificial intelligence. If we are to profit from artificial intelligence society must control its development and prevent it from exceeding human intelligence. *(691 words)*

b **TIPP**

The key points are:

- introduction: the road to referendum
- main part:
  a) advantages of Brexit for the UK
    - role in the world: more international influence
    - saving costs: UK can invest EU membership fees at home
    - full sovereignty of courts and Parliament, more democratic legitimacy
    - immigration: limit immigration to protect jobs for British workers, enhance the country's security
    - free to strike trade deals with any country in the world on its own terms

  b) disadvantages of Brexit for the UK
    - role in the world: Britain's influence on the world stage is weakened
    - laws and jurisdiction: EU social law can be done away with, drop in safety standards
    - immigration: strict quotas hurt Britain's economy, loss of qualified workers, young people cannot participate in EU programmes
    - trade: the UK loses access to the single market and customs union, imports and exports become more expensive, affects competition on world market
    - loss of jobs: foreign companies leave Britain and move to EU countries
- conclusion: British government has confirmed that the UK will leave the EU, but not Europe; hope of a new relationship

In March 2017, the European Union celebrated its 60th anniversary. The celebrations were not as enthusiastic as in former years because UK voters had decided in a referendum the year before to leave the club. Prime Minister Theresa May triggered Article 50 to notify the European Council that the United Kingdom would withdraw from the European Union by 2019. Brexiters and Remainers see this decision from different positions.

Advocates of Brexit argue that if the UK is no longer a member of the community, it can exercise more influence on the world stage as an "independent" country. In addition, so they claim, leaving the EU saves a lot of money. Instead of transferring funds to Brussels, the UK can invest at home, for example in the ailing NHS. Before the referendum Brexit campaigners toured the constituencies in a red bus, claiming that Britain would save £350m a week in contributions to the EU, which, however, turned out to be untrue. Leaving the European Union would also make British courts independent from the jurisdiction of the European Court of Justice and restore the full sovereignty of the British Parliament. Eurosceptics have always moaned about the "bureaucrats in Brussels" and criticized too little democratic legitimacy of the European Commission, for example.

Outside of the EU, Britain would be able to limit immigration on its own terms, an issue which played an overwhelming role during the Brexit campaign. Following the enlargement of the EU, many British natives felt overrun and feared for their jobs when large numbers of migrants arrived from eastern and southern European countries, especially Poland. As a fully sovereign country, the UK could introduce immigration quotas to protect jobs for British workers. The removal of the EU right to free movement will enable the UK to intensify border control and thus, according to the Brexiters, enhance the country's security.

Another advantage of a hard Brexit would be Britain's freedom to strike new trade deals with any country in the world on its own terms. For example, outside the EU single market and customs union, the UK could become a member of the planned Trans-Pacific Partnership to stimulate exports.

On the other hand, there are several disadvantages for Britain outside the EU. In the view of people who campaigned for the UK to remain in the EU, outside the community, Britain's influence on the world stage will be weaker as a small country without the backing of a bigger union.

In the field of jurisdiction, European court rulings regarding social achievements such as holiday pay, paid parental leave, regulated working hours and break times, anti-discrimination laws, and protection can be done away with. Another negative effect could be the drop of EU safety standards on food and drugs.

Stricter controls and immigration quotas could hurt Britain's economy and society. The country will lose qualified workers, especially in the services industry or in hospitals. Confronted with the insecurity of whether they can stay in the UK, many doctors, nurses, self-employed people and craftsmen will leave the country and thereby open vacancies which cannot be filled by native Britons, who are either not qualified or not willing to do the jobs. Young people will also be hard hit, as the free exchange of students or participation in EU programmes, such as Erasmus, will be difficult or even impossible.

For many Remainers, the greatest disadvantage of a hard Brexit is that outside the EU the UK loses access to the single market and customs union. British exports to EU countries are much higher than to the USA, China or India, for example. In addition, many British firms are closely integrated into European supply chains. Their production depends on parts made on the continent and delivered to Britain. Customs tariffs will make import and export more expensive and products less competitive on the world market. Furthermore, foreign companies, e. g. banks or insurance firms, whose business depends on free access to the single market, will leave London and move to EU countries, which will result in a loss of prestige and jobs for Britain. For example, after Article 50 was triggered, EU agencies, such as the European Banking Authority and European Medicines Agency, among others, relocated to Paris and Amsterdam respectively.
British politicians have always primarily considered the EU to be an economic community, and they were never keen on the idea of developing the club further into a political union. This is why the UK, for example, decided not to join the monetary union. However, on several occasions the British government has confirmed that the UK is leaving the EU, but not Europe. Hopefully, a new relationship can be developed which pleases both sides, the EU member states and the United Kingdom. *(791 words)*

TEIL I: RECEPTION – READING

10 VP

Text **Supermarkets must stop using plastic packaging, says former Asda boss**

The former boss of *Asda* is calling for supermarkets to stop using plastic packaging, saying billions of pounds of investment in recycling have failed to resolve the world's plastic proliferation crisis.

Andy Clarke, CEO of one of Britain's biggest supermarket chains for six years, said the only solution was for retailers to reject plastic entirely in favour of more sustainable alternatives like paper, steel, glass and aluminium.

"Go into any supermarket in the country and you will be met by a wall of plastic," Clarke said. "Be it fruit and veg or meat and dairy, plastic encases virtually everything we buy. Regardless of how much is invested in Britain's recycling infrastructure, virtually all plastic packaging will reach landfills or the bottom of the ocean sooner or later. Once there, it will remain on the earth for centuries. It is vital that the UK packaging industry and supermarkets work together to turn off the tap."

Efforts to recycle more plastic and "a never-ending stream of initiatives" – many of which Clarke oversaw while at *Asda* – have failed to stem the plastic flow and it is clear a more radical approach is needed, said Clarke, who stood down as *Asda* CEO last year.

"We want a future for our grandchildren which is as far as possible plastic-free," he said. "We also know that consumers want the same thing and with heightened public awareness of the dire consequences of unfettered plastic pollution, they are fully in support of the industry's efforts to make a meaningful change."

Clarke said supermarkets should create plastic-free aisles to cater for their customers' demands and to showcase the wealth of alternatives to plastic including innovations like grass paper. He also backed the campaign *A Plastic Planet* as a measure to spread the use of alternative packaging.

The world's plastic binge shows no signs of halting. A *Guardian* investigation this year established that consumers around the world buy a million plastic bottles a minute and plastic production is set to double in the next 20 years and quadruple by 2050.

In the UK less than a third (29 %) of the 5 million tonnes of plastic used each year is recovered and recycled. Across the world more than 8 million tonnes of plastic leak into the oceans and a recent study found that billions of people globally are drinking water contaminated by plastic.

Clarke said he has witnessed how much supermarkets have done to try to promote recycling, investing billions to try to increase the amount of recycled plastic they use, but still these measures have failed to reduce the scale of plastic pollution.

Attempts to use thinner plastic milk bottles containing more recycled material at *Asda*, he said, led to bottles bursting and creating more food waste. In the end the supermarket went back to the original bottles.

"Unlike materials like aluminium and glass, plastic packaging cannot be recycled endlessly. Most items of plastic packaging can only be recycled twice before they become unusable," he said.

Clarke highlighted a *Populus* poll from earlier this year which showed four out of five people questioned were concerned about the amount of plastic packaging thrown away in the UK and 91 % wanted plastic-free aisles in supermarkets.

He called for *Asda* and other supermarkets to use the large number of new products coming onto the market to cut plastic pollution. "Despite more than a decade of concerted supermarket action on this issue, globally we are still dumping in excess of 8 million tonnes of plastic in the ocean each year," said Clarke.

"We have been able to recycle plastic for decades, yet it remains a scourge on the planet. Recycling will never offer a durable solution to the plastic crisis – we simply have to use less plastic in the first place."

Greenpeace oceans campaigner Tisha Brown said: "With ocean plastic pollution ending up in everything from sea salt to sea gulls to our seafood, and many shoppers frustrated with the amount of unnecessary plastic packaging they encounter at their local supermarket, now would be a very good time for *Asda*, or any supermarket, to give shoppers the option of opting out. The great thing about a plastic-free aisle is that it could encourage innovation in the packaging of many different products, and save environmentally minded consumers the hassle of hunting for environmentally friendly choices across the store."

Between 5 and 13 million tonnes of plastic leak into the world's oceans each year to be ingested by sea birds, fish and other organisms, and by 2050 the ocean will contain more plastic by weight than fish, according to research by the *Ellen MacArthur Foundation.*

Scientists at Ghent University in Belgium recently calculated people who eat seafood ingest up to 11,000 tiny pieces of plastic every year. Last August, the results of a study by Plymouth University reported plastic was found in a third of UK-caught fish, including cod, haddock, mackerel and shellfish. *(827 words)*

Sandra Laville: Supermarkets must stop using plastic packaging, says former Asda boss, 12. 10. 2017, https://www.theguardian.com/environment/2017/oct/12/supermarkets-stop-using-plastic-packaging-former-asda-boss-andy-clarke,

Annotation

headline: *Asda:* a British supermarket chain

Reception – Reading **10 VP**

Read the ten statements and say whether they are true or false. Give quotations from the text to support your decision and also add the corresponding **line number(s)**. Make sure you **only quote the most relevant part(s) of the sentence(s)**.

1 Most of the plastic waste ends up on dumps or in the sea.

2 Consumers are ignorant of the problem of plastic pollution.

3 Andy Clarke supports the use of alternative packaging.

4 In the next two decades, the production of plastic will be twice as high as today.

5 Measures taken by British supermarkets have so far successfully minimized plastic pollution.

6 Asda's use of altered milk bottles created further problems.

7 According to a survey, most people are worried about the quantity of plastic discarded in the United Kingdom.

8 Recycling is the answer to the plastic catastrophe.

9 As a result of ingested plastic, fish will weigh more in 2050 than today.

10 Studies have shown that plastic is only taken in by marine life.

TEIL II: PRODUCTION – WRITING

50 VP

Bearbeiten Sie Aufgabe 1 **und** Aufgabe 2.

Aufgabe 1: Text-based composition

10 VP Inhalt/15 VP Sprache

"Efforts to recycle more plastic and 'a never-ending stream of initiatives' […] have failed to stem the plastic flow […]." (ll. 13/14)
Explain the quotation in relation to the text and then illustrate how consumers can contribute to solving the problem of the increasing amount of all sorts of waste worldwide.

Aufgabe 2: Composition

10 VP Inhalt/15 VP Sprache

Bearbeiten Sie **eine** der beiden folgenden Aufgaben:

2a "There is no limit to what we, as women, can accomplish, whether that's in politics or in other fields." (Michelle Obama)
Are there no limits for women in all spheres of life? Discuss.

or

2b Since the beginning of the 21st century, social media have played an increasingly important part in politics all over the world.
What role do social media play in politics today? Discuss the positive and negative aspects.

TEIL I: RECEPTION – READING

10 VP

TIPP

- **Zu 1:** Der Manager erwähnt, dass der meiste Plastikabfall auf Müllhalden oder dem Meeresboden landet.
- **Zu 2:** Die Verbraucher*innen sind sich der schwerwiegenden Folgen der Verschmutzung durch Plastikmüll durchaus bewusst.
- **Zu 3:** Andy Clarke hat die Organisation *A Plastic Planet* unterstützt, um die Verbreitung alternativer Verpackungen zu fördern.
- **Zu 4:** Die Produktion von Plastik wird sich in den nächsten 20 Jahren verdoppeln.
- **Zu 5:** Die Maßnahmen von britischen Supermärkten zur Reduzierung von Plastikabfall haben bisher nichts gebracht.
- **Zu 6:** Die dünneren Plastikflaschen für Milch führten zu neuen Problemen.
- **Zu 7:** Die meisten Briten machen sich Sorgen angesichts der Menge an Plastikmüll.
- **Zu 8:** Mit Recycling allein wird sich die Plastikkatastrophe nicht abwenden lassen.
- **Zu 9:** Nicht die Fische werden wegen des aufgenommenen Plastiks bis 2050 mehr wiegen, sondern das Plastik im Meer wird insgesamt mehr wiegen als alle Meeresfische zusammen.
- **Zu 10:** Es ist wissenschaftlich nachgewiesen, dass nicht nur Meerestiere, sondern auch Menschen Plastikpartikel aufnehmen, wenn sie Meerestiere essen.

1 **true:** ll. 9/10: "virtually all plastic packaging will reach landfills or the bottom of the ocean"

2 **false:** ll. 18/19: "heightened public awareness of the dire consequences of unfettered plastic pollution"

3 **true:** ll. 23/24: "He also backed the campaign *A Plastic Planet* as a measure to spread the use of alternative packaging."

4 **true:** l. 27: "plastic production is set to double in the next 20 years"

5 **false:** l. 34: "but still these measures have failed to reduce the scale of plastic pollution."

6 **true:** ll. 35/36: “Attempts to use thinner plastic milk bottles […] led to bottles bursting and creating more food waste.”

7 **true:** ll. 41–43: “four out of five people questioned were concerned about the amount of plastic packaging thrown away in the UK”

8 **false:** l. 49: “Recycling will never offer a durable solution to the plastic crisis”

9 **false:** ll. 60/61: “by 2050 the ocean will contain more plastic by weight than fish”

10 **false:** ll. 63/64: “Scientists […] recently calculated people who eat seafood ingest up to 11,000 tiny pieces of plastic every year.”

TEIL II: PRODUCTION – WRITING

Aufgabe 1: Text-based composition

TIPP

The key points are:

- introduction (relation to the text):
  the article deals with the ever-increasing amount of plastic packaging and the failure to reduce it: all efforts to stem the flood and recycle plastic material have failed so far; however, consumers are well aware of the problem
- transition: not only plastic, but all sorts of waste have become a pressing problem: what can consumers do?
- main part:
  - reduce packaging:
    buy reusable containers or bring your own (for example in supermarkets),
    use re-usable cups in coffee shops,
    prefer glass bottles to throw-away packaging
  - improve recycling:
    sort waste at home properly,
    remove valuable material from household rubbish,
    use different bins for paper, plastic or biodegradable waste,
    increase re-use by using bottle banks,
    use containers for shoes and textiles
  - change personal habits:
    overcome throw-away mentality,
    buy sustainable products,
    repairing instead of throwing away
- conclusion: consumers can play an important role in reducing the amount of refuse: “Reduce, Reuse and Recycle” is the order of the day

The article deals with the issue of the ever-increasing amount of plastic packaging and the failure to reduce it. It reports the view of the former CEO of *Asda*, a British supermarket chain, that all efforts to stem the flood have been to no avail so far. In view of the fact that most consumers are also aware of the problem of plastic pollution, the manager suggested ways to work towards a plastic-free future.

However, it is not only plastic, but all sorts of waste that have become an increasingly pressing environmental, social and economic issue in recent years. Consequently, consumers should think about how they can help to reduce the amount of litter on our planet. People should buy products in reusable containers, in the first place, or bring their own to avoid packaging. They should encourage supermarket managers to let them bring their own containers for meat, sausage or cheese, for example. Similarly, in coffee shops re-usable cups could be used instead of disposable ones. Customers should also refrain from buying drinks or milk in throw-away packaging and buy them in glass bottles, which can be cleaned and used again.

People can further contribute to reducing waste by improving the recycling process. To this end, waste should be sorted more intensively at home. A large amount of household rubbish contains valuable material which can be removed, cleaned and used in the manufacturing of new products. City councils already supply different bins for paper, plastic or biodegradable waste, but consumers must sort their waste effectively to facilitate the recovery of useful materials. Instead of discarding non-returnable glass jars or bottles, for example, people should increasingly use bottle banks. There are also containers for shoes and textiles which are no longer wanted or needed. Clothes, toys, electrical articles or other products people want to get rid of should be taken to second-hand shops or charity organisations. Most of these items are then affordable for the less advantaged, such as poor families or refugees.

Last but not least, many people must change their habit of using things only once or twice and then just throwing them away. This behaviour is particularly common in the fashion industry. Buyers should therefore avoid "fast fashion" and look for sustainable clothes or products in general, which last longer or can be repaired in a "repair café", for example.

All in all, consumers can play an important role in reducing the amount of refuse. They have to overcome their "throw-away mentality", however, which stems from the time when everybody thought our resources were endless. Instead of generating more and more waste, we must make all efforts to reduce and prevent it. "Reduce, Reuse and Recycle" is the order of the day. Waste reduction is essential to preserve human health and keep our planet intact. According to the article, most consumers are aware of the problem, but they can and must take action themselves to help solve it. *(491 words)*

a **TIPP**

The key points are:
- introduction:
  Michelle Obama: campaigner for educational reform and women's empowerment; she is convinced that "there are no limits for women in any spheres of life" – is her success representative of opportunities for women?
- main part:
  - women in education:
    in industrialised countries: same chances for girls and boys, girls often better at school, often more female students at university
    in poorer countries: no access to education for millions of girls; reasons: poverty, unsafe environment, no schools, discrimination; consequence: no chances of a better future
  - women in the world of work:
    in Western countries: doors open for women – in theory;
    inequalities in pay and promotion
  - women in politics:
    in Western countries: incentives to promote female participation in politics; however, women still underrepresented; one reason: often double burden (family and career)
- conclusion:
  Michelle Obama's statement is partly true: still limits for women, especially in developing countries; more effective measures for women's empowerment necessary

Michelle Obama became known as the wife of Barack Obama, former President of the United States. Since the end of her husband's presidency the former First Lady has gained further prominence in her own right, especially as a dedicated campaigner for educational reform and women's empowerment, advocating equal opportunities for women, and encouraging them to fulfil their potential. Michelle Obama is convinced that there are no limits for women in any spheres of life. Michelle, the black teenager from the South Side of Chicago, has become a successful lawyer, but the question is whether her success story is a singular achievement or representative of opportunities for women in general.
In industrialised nations girls enjoy the same chances as boys in primary, secondary and further education. Education programmes and laws, such as the American *Every Student Succeeds Act*, ensure that all children, irrespective of their race or sex, are taught the same skills. In fact, girls often achieve better results at school, particularly

because they read more than boys and spend more time on homework. In further education, both genders are admitted at equal rates, and at many universities female students outnumber male students.

On the other hand, equal participation of boys and girls in education is only true for wealthy countries for the most part. In poorer parts of the world, millions of girls do not have access to education because their parents are too poor to send them to school. Instead of studying, they have to work in the household or in the fields. Other reasons why girls do not receive a proper education include unsafe environments because of war and violence, poor infrastructure, or cultural norms such as early or forced marriage. Nobel Prize winner Malala Yousafzai, who was shot in the head by the Taliban when she was 15, criticises the ban on girls' schooling by the Taliban, who even carried out attacks on schools. The lack of adequate skills leaves girls stuck at the bottom of the social ladder and destroys their chances of a better future.

In the world of work, the doors for women have become wide open in Western countries – at least by law. In the USA and Europe, and above all in Scandinavia, the percentage of working women has risen considerably. This seems to suggest that there are no limits on women's opportunity to succeed. However, a closer look reveals that they are affected by inequalities, such as lower pay and fewer chances of promotion. Although most women succeed at school and university, their subsequent careers are often interrupted because they become mothers. In addition, when it comes to well-paid high-status jobs, male applicants are often preferred because women are still believed to be not tough enough or able to work long hours. As a result, female representation in leading positions is still rather low, so in some countries quotas for women in leading positions are being discussed or have been introduced. As to earnings, women are still paid less than men for the same type of work. Laws guarantee equal pay, but the gulf between men and women's wages still exists. The gender pay gap affects mothers in part-time work and single mothers especially badly.

In the field of politics, many Western countries started incentives to promote women's prospects, not only in education and the job market, but also in political life. Despite a number of prominent female leaders such as Angela Merkel, women are still under-represented in top political positions and politics in general. To increase female participation in governments, parliaments or on city councils, various types of gender quotas for public elections and offices have been introduced in some countries. What keeps many mothers, in particular, from getting more involved is again the double burden they have to bear. Although partners tend to be more cooperative today, on the whole, the gender roles are still distributed in a traditional way.

Michelle Obama has a point when she argues that women have more opportunities today than ever before. However, much still needs to be done to overcome the limits for women in all parts of the world, especially in less developed countries. To this end, every year, on March 8, International Women's Day, the world community commemorates the political, social and economic achievements of women and calls for the development of more effective measures for their empowerment. *(727 words)*

b **TIPP**

The key points are:

- introduction: social media: increasingly important not only for individuals but for politicians, too
- main part:
  - positive for individuals and politicians:
    promotion of direct democracy: easy and fast expression of views;
    mustering support quickly and effectively for a certain cause, or starting a movement;
    fast exchange of news: politicians and parties use social media for information about decisions and programmes;
    targeting voters in political campaigns and elections
  - negative for an open society:
    promotion of bias: confirmation of pre-existing views;
    spreading of rumours and false information (fake news): ordinary users often cannot distinguish truth from biased information or plain lies;
    damaging interference of foreign countries or authoritarian regimes:
    example: 2016 US election campaign influenced by Russian agencies
- conclusion: increased personal involvement of people in politics, but close attention necessary to avoid misuse

Facebook, Twitter, WhatsApp or Instagram are the main channels of communication for millions of people around the world. Social media has become increasingly important, not only for individuals or businesses, but also for politicians. Barack Obama was one of the first politicians to recognise the potential of networking sites and particularly addressed younger voters in his election campaigns. After his re-election he proclaimed his success via his Twitter account. His tweet "four more years" became the most popular tweet ever. Today, Donald Trump is a heavy user of Twitter. So the question arises whether the widespread use of social media plays a positive or negative role in the political arena.

A positive effect of social media is that it can promote direct democracy, which means that people can express their views more easily, reaching more people than by writing a letter to the editor of a newspaper, for example. Instead of attending a party assembly or a public meeting, they can start a movement or participate in a discussion digitally and generate support for important causes. With the help of social media, for example, a political movement was created in support of Greta Thunberg, a Swedish teenager who had started a school strike to draw attention to the climate crisis. Other students started a digital petition to protest against *Abitur* exam tasks in Germany, which they considered to be too difficult, putting pressure on the authorities to revise the assessment process. Whether the protest is justified or not, social media give those people or sections of society a voice not heard or taken seriously in the past.

In addition, social media facilitate the exchange of news faster than traditional channels such as TV or newspapers. People who do not read newspapers or watch TV – many of the so-called "millennials", for example – get their information this way. So politicians and parties use social media channels to address users directly and fast to explain their programmes, views or decisions and muster support.

Social media have also become a serious factor in political campaigns and in influencing people's opinions. At the start of an important election, spin doctors use analytics and algorithms, just like advertisers, so that a candidate can address a target group with a message tailored to the interests of that group.

A negative aspect of social media is that they promote bias. Psychologists know that people prefer to have contact with others who share their opinion. Newspaper readers tend to subscribe to papers which reflect and support their beliefs. Similarly, Facebook or Twitter users consume tweets on political views they agree with and post links to stories that confirm attitudes they already have. This reinforces opinions and makes it difficult to challenge them or discuss alternative points of view. Thus, social media users may become even more biased, entrenched in their views and less tolerant of others. Observers doubt that the Internet promotes the exchange of diverse viewpoints, which would make users more open-minded.

Another negative aspect of social media is the fact that it is easy to spread news stories that are biased, unbalanced and often just plain wrong. For social media users it is hard to control the constant stream of memes, links and rumours about political events or leaders and to separate truthful news from fake news. Researchers have shown that social media users are more inclined to spread rumours and judgements than to post facts. What makes things worse is that some politicians have used the term "fake news" to attack journalists or brand articles which they deem unfavourable or damaging to their image.

Furthermore, social media can be used to influence elections. The US authorities carried out extensive investigations into possible interference of foreign operatives during the 2016 presidential election campaign. A final report confirmed that Russian agencies manipulated social media accounts to spread information which intended to damage the chances of candidate Hillary Clinton and support the election of Donald Trump. This shows that authoritarian regimes can use social media as a tool to interfere in democratic processes, thus representing a threat to free and open societies.

Social media has become ever more popular and its influence on politics is likely to grow. People's increased participation in political affairs is a boon of networking sites. However, governments and users must pay more attention to the negative aspects involved. All users must observe the basic rules of online netiquette and refrain from posting tweets which mislead the public or could cause or exacerbate social strife. For some, a "tweeting president" may be regarded as up-to-date or entertaining, others, however, believe that serious political discussions should be carried out in parliament, i. e. Congress, and not on Twitter. *(782 words)*

TEIL I: RECEPTION – READING

10 VP

Text Why factory farming is not just cruel – but also a threat to all life on the planet

The world desperately needs joined-up action on industrial farming if it is to avoid catastrophic impacts on life on earth, according to the head of one of the world's most highly regarded animal campaign groups. Philip Lymbery, chief executive of *Compassion in World Farming (CIWF),* said: "Every day there is a new confirmation of how destructive, inefficient, wasteful, cruel and unhealthy the industrial agriculture machine is. We need a total rethink of our food and farming systems before it's too late."

His comments came on the eve of *Compassion's* Livestock and Extinction conference in London which will bring together scientists, campaigners, UN representatives and multinational food corporations including *Compass*, *Tesco* and *McDonalds*. The conference aims to bring together a wide range of voices and connect up the many impacts that factory farming has on our planet. The conference comes against a backdrop of alarming exposés on industrial farming. A week ago a Guardian/ITV investigation showed chicken factory staff in the UK changing crucial food safety information on chickens, while a month ago the European Commission admitted that eggs containing a harmful pesticide may have been on sale in as many as 16 countries.

In the US in August, meanwhile, campaigners identified the world's largest ever dead zone – an area in the sea where pollutants from farms create algal blooms that kill off or disperse marine life – and singled out the US's heavily industrialised factory farm system as a major cause.

Lymbery argues that factory farming is not – as some contend – an efficient, space-saving way to produce the world's food but rather a method in which the invisible costs are actually far higher than the savings. "Factory farming is shrouded in mythology," he said.

"One of the myths is that it's an efficient way of producing food when actually it is highly inefficient and wasteful. Another [myth] is that the protagonists will say that it can be good for the welfare of the animals. After all, if hens weren't happy they wouldn't lay eggs. The third myth is that factory farming saves space. On the surface it looks plausible, because, by taking farm animals off the land and cramming them into cages and confinement you are putting an awful lot of animals into a small space. But what is overlooked in that equation is you then have to dedicate vast acreages of relatively scarce arable land to growing the feed. The crops fed to industrially reared animals worldwide could feed an extra four billion people on the planet."

"As the global demand for cheap meat grows, the expansion of agricultural land is putting more and more pressure on our forests, rivers and oceans, contributing to deforestation, soil erosion, marine pollution zones and the global biodiversity crisis," he said. "The UN has warned that if we continue as we are, the world's soils will have effectively gone within 60 years. And then what? We shouldn't look to the sea to bail us out because commercial fisheries are expected to be finished by 2048."

"The rainforest homes of the likes of jaguars and the critically endangered Sumatran elephants are being razed to make way for intensive crop production and plantations that are feeding factory farm animals, the mixed farm habitats of once common farmland birds such as barn owls, turtle doves and skylarks are being stripped away, and vast quantities of wild fish are being scooped up to feed industrially reared farmed fish and chickens and pigs, leaving the likes of penguins, puffins and other species starving."

Antibiotic use is another red flag area. "There is now overwhelming evidence that the routine prophylactic use of antibiotics is leading to the rise of antibiotic resistant superbugs, and the World Health Organisation has issued warnings that if we don't do anything to curb antibiotic use in both human and animal medicine, we will face a post-antibiotic era where currently treatable diseases will once again kill." […]

"Hilal Elver, the UN rapporteur for the right to food, has talked about the need to move away from industrial agriculture towards agro-ecological models. There is a groundswell – it's almost starting to be a zeitgeist as key thinkers in civil society start to join the dots and see that actually we do need a new style of agriculture which goes beyond industrial agriculture, which goes beyond simple sustainability, which brings us to a point of regeneration."

On the whole, national governments have shown little interest in radical farming reform. But there have been a few notable exceptions such as India, Rwanda and Kenya, and the international community and the corporate world are increasingly interested in financing and supporting these models.

And in the last few months there has been some support from surprising quarters, such as Michael Gove, the UK's environment secretary, and his recent statement that US-style industrial farming will not be copied here. In the recent lead-up to the appointment of the head of the WHO, more than 200 scientists and campaigners signed a letter asking the appointee to promise to look at the "global health challenge" of factory farming which was widely circulated on social media and led to an editorial in the *New York Times*.

So how likely is it that we will get global action on food and farming? "I am sure that 20 years ago people calling for a solution to climate change were being asked exactly that question," says Lymbery. "I believe that nothing less will be needed if we are to secure the future for our children." *(933 words)*

Bibi van de Zee: Why factory farming is not just cruel – but also a threat to all life on the planet, 04.10.2017, https://www.theguardian.com/environment/2017/oct/04/factory-farming-destructive-wasteful-cruel-says-philip-lymbery-farmageddon-author © Guardian News & Media Ltd 2020

Annotations

ll. 11 f.: *backdrop:* the general conditions in which an event takes place
l. 17: *algal:* Algen-
l. 22: *mythology:* ideas that many people think are true but that do not exist or are false
l. 30: *acreage: hier:* Anbaufläche
l. 51: *rapporteur:* a person officially chosen by an organization to investigate a problem and report on it
l. 53: *zeitgeist:* the general mood or quality of a particular period of history, as shown by the ideas, beliefs, etc. common at the time

Reception – Reading **10 VP**

Read the ten statements and say whether they are true or false. Give quotations from the text to support your decision and also add the corresponding **line number(s)**. Make sure you **only quote the most relevant part(s) of the sentence(s)**.

1 Philip Lymbery claims that all countries of the world need to work together to support industrial farming.

2 In London, various experts and representatives of companies are going to discuss the consequences of factory farming from different points of view.

3 Contaminated eggs have been sold in the European Union.

4 The factory farm system in the US is the only responsible polluter of the dead zone in the sea which was discovered by campaigners.

5 Squeezing many farm animals into cages reduces the use of fertile soil.

6 Even though we are running out of arable land, we can still rely on food from the sea.

7 Factory farming destroys the biosphere of animals that used to be widespread on farmland.

8 Diseases which can be cured nowadays will be dangerous again in the future due to a common use of antibiotics in medicine.

9 Overall, national governments are willing to take action and improve industrial farming methods.

10 An appeal was made to the future head of the WHO to pay attention to the problems caused by factory farming.

TEIL II: PRODUCTION – WRITING **50 VP**

Bearbeiten Sie Aufgabe 1 **und** Aufgabe 2.

Aufgabe 1: Text-based composition 10 VP Inhalt/15 VP Sprache

"[...] factory farming is not – as some contend – an efficient, space-saving way to produce the world's food but rather a method in which the invisible costs are actually far higher than the savings." (ll. 20–22)
Explain the quotation in relation to the text and illustrate further possibilities of meeting the world's growing demand for food.

Aufgabe 2: Composition 10 VP Inhalt/15 VP Sprache

Bearbeiten Sie **eine** der beiden folgenden Aufgaben:

2a In the last few years, some American football players have repeatedly refused to stand during the national anthem in order to protest against what they regard as racial injustice in the United States.
Is racial injustice still a problem in the US? Discuss.

or

2b Globalisation is a very complex phenomenon which entails several economic, political, cultural and environmental aspects.
Discuss the advantages and disadvantages of globalisation.

TEIL I: RECEPTION – READING 10 VP

TIPP

- **Zu 1:** Philip Lymbery fordert eben keine Unterstützung der industriellen Landwirtschaft, sondern gemeinsames Handeln, um deren fatale Auswirkungen auf die Erde zu vermeiden.
- **Zu 2:** Bei der Konferenz sollen die vielfältigen Auswirkungen der Massentierhaltung z. B. von Firmenvertretern und -vertreterinnen und Experten*Expertinnen aus verschiedenen Bereichen erörtert werden.
- **Zu 3:** Es wurden Eier verkauft, die gesundheitsschädliche Pestizide enthalten (= „contaminated eggs").
- **Zu 4:** Das industrielle System der Massentierhaltung in den USA gilt zwar als einer der größten Verursacher, ist aber nicht allein schuld an der Entstehung der „toten Zone" im Meer.
- **Zu 5:** Durch die Massentierhaltung werden große Flächen fruchtbaren Bodens für die Fütterung der Tiere verwendet.
- **Zu 6:** Nahrung aus dem Meer kann uns nicht aus der Klemme helfen, da die gewerbliche Fischerei bis 2048 zum Erliegen kommen wird.
- **Zu 7:** Die Beschaffung von Futter für die Massentierhaltung führt zur Zerstörung des Lebensraums bestimmter Tierarten.
- **Zu 8:** Wenn der Einsatz von Antibiotika in der Humanmedizin und in der Tierhaltung nicht reduziert wird, verlieren diese Mittel ihre Wirksamkeit gegen momentan damit behandelbare Krankheiten.
- **Zu 9:** Gegenwärtig zeigen Regierungen wenig Interesse an einer grundlegenden Agrarreform.
- **Zu 10:** In einem Brief forderten mehr als 200 Wissenschaftler*innen und Aktivisten*Aktivistinnen den zukünftigen Direktor der WHO auf, sich mit den gesundheitlichen Auswirkungen der Massentierhaltung zu befassen.

1 **false:** ll. 1/2: "The world desperately needs joined-up action on industrial farming if it is to avoid catastrophic impacts on life on earth"

2 **true:** ll. 7–11: "*Compassion's* Livestock and Extinction conference in London which will bring together scientists, campaigners, UN representatives and multinational food corporations … aims to bring together a wide range of voices and connect up the many impacts that factory farming has on our planet."

3 **true:** ll. 14/15: “a month ago the European Commission admitted that eggs containing a harmful pesticide may have been on sale in as many as 16 countries.”

4 **false:** ll. 18/19: “and singled out the US’s heavily industrialised factory farm system as a major cause.”

5 **false:** ll. 27–31: “The third myth is that factory farming saves space … you then have to dedicate vast acreages of relatively scarce arable land to growing the feed.”

6 **false:** ll. 37/38: “We shouldn’t look to the sea to bail us out because commercial fisheries are expected to be finished by 2048.”

7 **true:** ll. 41/42: “the mixed farm habitats of once common farmland birds such as barn owls, turtle doves and skylarks are being stripped away”

8 **true:** ll. 48–50: “if we don’t do anything to curb antibiotic use in both human and animal medicine, we will face a post-antibiotic era where currently treatable diseases will once again kill.”

9 **false:** ll. 57/58: “On the whole, national governments have shown little interest in radical farming reform.”

10 **true:** ll. 63–66: “In the recent lead-up to the appointment of the head of the WHO, more than 200 scientists and campaigners signed a letter asking the appointee to promise to look at the ‘global health challenge’ of factory farming”

TEIL II: PRODUCTION – WRITING

Aufgabe 1: Text-based composition

TIPP

The key points are:

- introduction (relation to the text):
  in the article factory farming is criticised:
  - inefficient because large areas of farmland are lost due to food production
  - invisible costs: impairing human health by creating resistance to antibiotics; food produce in factory farms can be contaminated
- transition: in order to feed a steadily increasing world population we should not rely on factory farming but explore further possibilities of producing food
- main part:
  - insects as alternative food source: sustainable and rich in proteins and other nutrients, farming requires less space

- replacing meat with plant-based food alternatives: foodstuffs produced from soybeans, vegetable products which mimic the taste of meat
- biotechnology: makes plants more resistant to diseases and pests, boosts agricultural yields, creates plants which contain higher nutritional value
- reducing food waste: food is distributed unequally; if we wasted less, people in poorer countries would have enough to eat

– conclusion: factory farming can be avoided if we use our resources wisely and open up alternative food sources

In his article about factory farming, Philip Lymbery, chief executive officer of *Compassion in World Farming*, repudiates the assertion that factory farming is "an efficient, space-saving way to produce the world's food" (ll. 20 f.). Lymbery shows that this is not true, because in order to feed the livestock kept in batteries or cages, large areas of farmland are lost and the crops which could be harvested on these fields "could feed an extra four billion people" (l. 32). Raising large numbers of animals in one place may be "space-saving" but it can impair human health and food safety, as contaminated eggs show, for example (cf. ll. 14 f.). In addition, antibiotics are used extensively in large livestock factories to prevent the outbreak of diseases. This can create bacteria which are resistant to antibiotics, which means that diseases which can be treated with antibiotics can no longer be cured. All in all, Lymbery shows that industrialised livestock production is wasteful and extremely inefficient (cf. l. 25) and it proves to be more expensive if you take the invisible costs into account. Due to the damage factory farming can cause it should not be regarded as a suitable method to produce the world's food.

It is a fact that more and more food is needed to feed a steadily increasing world population. Instead of relying on factory farming or expanding it further, possibilities for meeting the growing demand for food should be explored.

They may not be to everybody's taste, but one promising alternative food is insects. They represent a sustainable food source which is rich in proteins and other nutrients such as unsaturated fats, minerals and vitamins. In many parts of the world, most of all in Asia and Africa, insects are a staple diet and an ingredient in national cooking, which shows that locusts, crickets and worms and so on are suitable for human consumption. In addition, raising or farming insects requires less space than conventional livestock.

Vegans and vegetarians have long shown that a meat-free diet can be healthy. Many consumers have discovered plant-based food alternatives and found them just as tasty as animal products. Soybeans, in particular, can be used in many different ways to replace meat on our tables. For example, veggie burgers and tofu have become increasingly popular among health-conscious people. Furthermore, there are companies which have successfully marketed products which taste like chicken, beef or pork sausage.

Another possibility for meeting the food demand is the responsible application of biotechnology. Genetic manipulation can make plants more resistant to the vagaries of the

climate and to diseases. In this way, genetically modified organisms could boost agricultural yields and alleviate food shortages, especially in poorer countries. Apart from creating resistant crops, agricultural biotechnology can also help create plants which contain higher nutritional value.
Last but not least, instead of looking for more and more food alternatives, we could also make an effort to reduce food waste. Farmers would be able to supply enough food to feed the world, but millions still go hungry because food is distributed unequally and people in the industrialised countries throw away too many foodstuffs which would still be good enough to eat. So if we wasted less, we could reduce the constantly rising demand for food.
In a nutshell, if we used our resources wisely and opened up alternative food sources, we could avoid factory farming, which, as the article's headline says, "is not just cruel – but also a threat to all life on the planet." *(583 words)*

Aufgabe 2: Composition

a **TIPP**

The key points are (with the focus on the Black community against the background of contemporary American history):

- introduction: Colin Kaepernick refused to stand during the national anthem in protest against racial injustice: controversy whether the protest was justified
- main part:
  Civil Rights Movement: equal status for Black Americans (Civil Rights Act of 1964 and Voting Rights Act of 1965), since then progress in several fields:
  - in politics: more Black people in leading positions, first Black president Barack Obama
  - in education: abolition of segregated schools, increased diversity at colleges and universities
  - in employment: successful Black middle class emerged
  - increase in interracial marriages

  Black Americans still at a disadvantage:
  - in politics: provisions of Voting Rights Act have been weakened, White backlash: opposition to racial progress, White votes for Donald Trump
  - education: less access to quality education, underfunded schools in poor districts
  - economy: wealth gap; increased Black unemployment; discrimination of Black job seekers
  - structural racism: police (brutality and racial profiling); courts (harsher sentences for Black people)
- conclusion: parallel between protest in 2016 and incident at 1968 Olympics proves that the racial divide still exists; racial justice has not yet been achieved

Sports games in the United States always start with the national anthem, "The Star-Spangled Banner". In 2016, the professional American footballer Colin Kaepernick refused to stand during the anthem in protest against racial injustice. Other sportsmen and sportswomen have since followed his example. The gesture sparked heated controversy across the country about whether the protest was justified and whether racial injustice is still a problem in the United States.

With the achievements of the Civil Rights Movement in the 1960s it seemed that the situation of Black Americans has improved considerably. The passage of the Civil Rights Act of 1964 and the Voting Rights Act of 1965 recognised Black Americans as equal citizens, secured their right to vote and abolished any discrimination based on race. Racial segregation in schools, at the workplace and in public facilities such as hotels, theatres, stores and restaurants was abolished. Many observers regarded the election of Barack Obama as America's first Black president in 2008 as the ultimate proof that racial equality had been achieved.

Today the doors to success and advancement for Black people are open – as far as the laws are concerned – and indeed there has been progress: in the political arena there are leading state representatives such as senators, members of the House of Representatives, governors and heads of police who belong to America's Black community. Progress has also been achieved in the fields of education and employment. The abolition of segregated schools as well as increased diversity at colleges and universities have greatly improved the educational opportunities for minority groups, so that a successful Black middle class could develop. Furthermore, the number of interracial marriages has steadily increased since legalisation in 1967.

On the other hand, there is ample proof that there is often a discrepancy between law and reality. Black people are still at a disadvantage compared to White people in many fields. Some of the protections that had been enshrined in the Voting Rights Act have been weakened by court decisions and interpretations of the law. State legislatures have instituted procedures and practices that discourage Black people from voting or registering to vote. The hopes that the Obama era would have a positive impact on race relations and signify the end of racism and injustice have not been fulfilled. Pessimists even argue that eight years of Black presidency paved the way for a "whitelash" (white backlash), which means White, and mostly male, Americans who opposed racial progress voted for Donald Trump in great numbers.

As to education, quality education is still not available for a considerable number of young Black Americans. Most Black parents struggle to find or pay for a suitable school for their children, especially for those who live in poorer areas. As funding of local schools in the USA relies mainly on local property taxes, poor neighbourhoods cannot invest as much money as richer White districts.

Many Black Americans have made social progress, but for the greater part of the Black population reality looks grim. The wealth gap between White and Black households is widening. Unemployment figures for Black Americans, particularly Black youths, are much higher than those for White Americans. Black activists complain that Black job candidates are often less likely to receive interviews or job offers than equally qualified White candidates. In times of a recession or crisis such as the Covid-19 pandemic, Black people suffer the most dramatic consequences.

Another indication of the racial divide and injustice are numerous incidents between White policemen and Black people. In May 2020, the death of George Floyd at the hands of a White policeman sparked protests in many US cities, supported by the Black Lives Matter movement. There is statistical evidence of police brutality and racial profiling, which means that Black people are stopped and searched more often than White people. In courts, judges tend to pronounce harsher sentences for Black people than for White people, although the offence committed is the same.
Almost 50 years before Colin Kaepernick "took a knee" during the national anthem, two Black US medallists raised their black-gloved fists, the Black Power salute, in protest against racial discrimination while the American national anthem was being played at the 1968 Olympics in Mexico during a medal ceremony. The analogy of these two gestures seems to prove that the racial divide still characterises American society and that racial justice has not yet been achieved. *(731 words)*

b **TIPP**

The key points are:

- introduction: globalisation: countries, organisations, individuals have become part of a worldwide network
- main part: advantages and disadvantages of globalisation
  economy:
  - advantages: removal of trade barriers, firms producing and selling their products worldwide, increased competition brings consumer prices down, jobs created in developing countries improve living standards, developing nations profit from high demand for raw materials
  - disadvantages: outsourcing of jobs kills workplaces in industrialised countries, unemployment may lead to social unrest and the further rise of right-wing populist movements, bad working conditions in developing countries, fragility of supply chains in times of crisis

  politics:
  - advantages: basic values of democratic systems (right to life, freedom of assembly and speech) spread worldwide more easily
  - disadvantages: global digitalisation: threat of terrorists and hackers

  culture:
  - advantages: global distribution of arts, media, film, music: better understanding of foreign values and attitudes possible
  - disadvantages: global diffusion of ideas and lifestyle may lead to a loss of diversity or identity

  environment:
  - advantages: global cooperation of environmental groups to increase pressure on political leaders
  - disadvantages: ruthless exploitation of natural resources
- conclusion: globalisation both boon and bane: trying to use its positive effects

The term "globalisation" means that everybody and everything in our digital age is connected. Every country, every organisation, every individual has become part of a worldwide network due to technical innovations and the internet, in particular. This revolutionary development has brought advantages and disadvantages to the economy, politics, culture and the environment.

One of the most noticeable features of globalisation is the removal of trade barriers between nations. Businesses have extended their activities to all parts of the world. Large corporations like Microsoft, Apple, Volkswagen and Daimler are global players, setting up production plants and selling their products worldwide. Increased competition between companies also has the positive effect that consumers can buy goods at lower prices. Jobs are created in countries where production is cheap, bringing down unemployment rates there and, in the best case, improving living standards for people there who can now earn a decent wage to support their families. Countries as a whole can also profit from globalisation. As long as earnings from the sale of raw materials are up, for example, developing countries are able to reduce their deficit and feed their people.

However, the possibilities of worldwide production and free trade are also linked to several drawbacks. Globalisation enables firms to cut costs, for example. The magic word here is "outsourcing", which means that jobs are exported to low-wage countries where production is cheaper. Today, for example, most textiles which are sold in the industrialised countries are produced in Asia. Transportation costs have fallen drastically and are almost negligible. Consequently, workers in the industrialised countries fear that they will lose their jobs to workers in low-wage countries. As labour costs are high in the West, the chances of unskilled workers in particular finding employment are getting worse, despite the trend to "bring production back" to industrialised countries. More unemployable people will not only increase the welfare costs of a nation, but can also create social unrest. Far-right parties also gather support from people who fear for their jobs and see themselves as losers in the face of globalisation. The overall aim to cut costs also leads to workers in developing countries being forced to work long hours, often in unsafe or unhealthy conditions. Very often children are exploited as cheap labourers, toiling in sweatshops to supplement the meagre family income. Another drawback of the worldwide economic interdependence becomes evident at times of crisis. The spread of Covid-19, for example, proved the fragility of the global supply chain in Western countries. Medicine, medical equipment, machine parts and other products were no longer available because the factories in China or India to which the production of these items had been outsourced had to shut down.

Globalisation also affects the political arena. International associations, non-governmental organisations (NGOs), and human rights organisations, among others, can help spread the basic values of democracy, such as the right to life, freedom of assembly and speech, equality, justice and the right to vote. Although, globally speaking, democratic values seem to be on the decline at the moment, the free exchange of ideas and information can have political consequences and threaten authoritarian regimes, which therefore try to suppress the free flow of information. What is also spreading more easily because of the internet, however, is radical propaganda by terrorists trying to recruit supporters, which can contribute to the destabilisation of states. Furthermore,

democratic states, in particular, have become a target of hackers from authoritarian states, trying to influence politics in their interest, logging into computer networks, stealing sensitive data or infiltrating social media with bots.
As far as culture is concerned, the rapid movement of ideas, values and cultural products – arts, media, film and music – across national borders through the internet can, in the best case, lead to a better understanding of foreign ways of life. The global diffusion of ideas and lifestyles via social media (e. g. Facebook, Instagram and films) and the worldwide marketing of foods or particular brands can influence or even change local cultural traditions and lifestyles – and it is mostly the Western way of life which is promoted. Following or adopting Western lifestyles, for example, may eventually lead to a loss of diversity or identity. Sociologists talk about "cultural homogenisation" or "detraditionalisation", which can lead to people being afraid of losing their identity.
One positive effect of globalisation as far as the environment is concerned is that it enables activist groups all over to the world to work together for the protection of our planet. The Fridays for Future movement, for example, stages protests in many countries to increase pressure on political leaders to take action against global warming and promote renewable energy generation. On the other hand, environmentalists maintain that globalisation leads to the ruthless exploitation of natural resources. The destruction of the rain forests in Amazonia and Asia, for example, is a threat to the climate because this interference in nature contributes to global warming.
Taking the advantages and disadvantages of globalisation into account, the result is mixed – globalisation can be both a boon and bane, so we should fight the negative effects of globalisation with the positive ones it also brings with it. *(852 words)*

Baden-Württemberg ▪ Abiturprüfung 2021

Berufliches Gymnasium ▪ Englisch

TEIL I: LISTENING COMPREHENSION 10 VP

You will hear each recording twice. After each listening, you will have time to complete your answers.

Task 1: Film reviews 6 BE

You will hear excerpts from six film reviews. Match each review (1 to 6) with one of the descriptions (A to G). For each review there is only one correct description. There is one more description than you need.
You now have 45 seconds to read the assignment.

	Descriptions
A	Encounters between rich and poor
B	The abuse of power and its cover-up
C	A biography shaped by illegal activities
D	A comparison of stereotypical lifestyles
E	A movie star's lang history of drug-addiction
F	The rise and fall of a politician in a corrupt world
G	A sports contest as a metaphor for the film industry

Film review	**1**	**2**	**3**	**4**	**5**	**6**
Description						

Now listen to the recording again.

Task 2: The History of Jim Crow and Blackface

10 BE

You will hear a podcast about the history of Jim Crow and its connection to the current debate about blackface. While listening, answer the questions below. You need not write complete sentences.
You now have one minute to read the assignment.

1 According to the speaker, what did the Jim Crow laws embody?	• hate •
2 What has recently led to a new public discussion about Jim Crow?	
3 What was the purpose of the Jim Crow impersonations in the past?	
4 What was typical of the Jim Crow stage performance? (Name **two** aspects).	• •
5 Where did Thomas D. Rice get his inspiration for the Jim Crow character from?	
6 What was the consequence of Rice's performance?	
7 According to Daryl Davies, what does the perception of blackface depend on?	
8 Which positive example of the use of blackface does Daryl Davies mention?	
9 Which incident led to TV host Megyn Kelly losing her job?	

Annotations
buffoon: someone who does silly and amusing things
vernacular: form of language spoken by a particular group of people

Now listen to the recording again.

Task 3: The Mindful Chef

You will hear an interview about the rise of the online service *The Mindful Chef*. While listening, tick (✓) the correct answer (a, b, c or d). There is only one correct answer. You now have two minutes to read the assignment.

1 *The Mindful Chef* is an online recipe box delivery service that has …

a ☐ moved to London recently.
b ☐ been operating since 2001.
c ☐ received a prestigious prize.
d ☐ run counter to recent trends.

2 When the partners started their business, they …

a ☐ were desperate for money.
b ☐ were disillusioned with their jobs.
c ☐ had been toying with the idea for a while.
d ☐ had been persuaded by business friends.

3 According to Giles Humphries, this new start would allow them to …

a ☐ grow closer to their friends.
b ☐ make the most of their skills.
c ☐ feel more satisfied in their job.
d ☐ use their working time more flexibly.

4 Looking back, Humphries says that coming home late from work they …

a ☐ had no idea what to eat.
b ☐ did not feel stressed at all.
c ☐ were too exhausted to go shopping.
d ☐ were unable to go to their gym classes.

5 In the summer of 2014 Humphries observed Devon fishermen …

a ☐ preparing traditional sea food.
b ☐ offering their catch door-to-door.
c ☐ changing the natural food chain.
d ☐ using modern media to sell their fish.

6 At the beginning of their business, Humphries and his co-founders …

a ☐ did the packaging themselves.

b ☐ used cargo bikes to avoid traffic jams.

c ☐ built storage facilities for their ingredients.

d ☐ suffered from constantly working night shifts.

7 In their marketing strategy, they relied on …

a ☐ UK-wide advertising.

b ☐ pictures shown on social media.

c ☐ flyers distributed during deliveries.

d ☐ cooperation with local newspapers.

8 Success came after Humphries and his co-founders …

a ☐ automated the packaging.

b ☐ employed a public relations team.

c ☐ hit the half-a-million pounds mark.

d ☐ tackled initial problems successfully.

Now listen to the recording again.

TEIL II: RECEPTION – READING

10 VP

Text — How robot carers could be the future for lonely elderly people

Loneliness and social isolation are problems for many seniors, but studies have shown that help could come from social robots – autonomous robots trained to interact and communicate with humans.

The film *Robot and Frank* imagined a near-future where robots could do almost everything humans could. The elderly title character was given a "robot butler" to help him continue living on his own. The robot was capable of everything from cooking and cleaning to socialising (and, it turned out, burglary). This kind of science fiction may turn out to be remarkably prescient.

As growing numbers of elderly people require care, researchers believe that robots could be one way to address the overwhelming demand. But while robots might be able to provide care and, in some cases, social interaction, many wonder if they really are the right solution to this uniquely human issue.

One recent survey found that while 68 per cent of people agree robots are beneficial because they can help people, only 26 per cent surveyed said they would be comfortable with a robot providing help and companionship for them if they were in hospital or care. Commentators in the media have also echoed these concerns, with some even arguing that robots can't provide those living in care with the empathy and altruism that human caregivers do.

Loneliness and social isolation are already problems for many seniors and are even linked to cognitive decline and a higher death rate. With the population of seniors expected to rise, many worry that experiences of loneliness will increase, especially if access to care is even more limited.

But despite concerns, early studies already show that social robots – autonomous robots trained to interact and communicate with humans – really could address issues of care and social interaction. The majority of robotics researchers are largely in favour of introducing robotic technology on a wider scale and believe it could reduce loneliness and increase independence in elderly patients. The Japanese government even supports introducing robots in care homes to solve the country's ageing population problem. However, many strongly recommend carefully balancing the care benefits against the ethical costs.

A class of social robots – mobile robotic telepresence (MRT) systems – has already been shown to generate positive social interactions with elderly patients. MRTs are essentially video screens on wheels raised to head height that can be controlled remotely using a simple smartphone app. They allow relatives and social workers to "visit" elderly people more often, even if they live in rural or distant places. The elderly patient doesn't need to operate the device, leaving them free to interact with their social worker or family.

Communication still happens through a computer screen, but the robot's physical presence mimics face-to-face interaction for elderly people. Research has shown that people reacted more positively when talking with someone through an MRT than through a regular video call or computer avatar – especially lonely people. However, MRTs still require a human operator, which limits the amount of social interaction seniors can have daily.

To tackle this, developers worldwide have started creating robot companions programmed with advanced artificial intelligence (AI), which can interact with people on their own. Some examples include pet-like companion robots including *Aibo* and *Paro*, which are made by Japanese developers, and *MiRo*, which is manufactured in the UK. Other humanoid robots, such as the *Care-O-bot* and *Pepper*, are able to provide more complex and comprehensive care. Though "pet" robots offer limited interaction, they have proved as effective as – or even more so than – real pets in reducing loneliness for elderly people in care homes. Robotic dogs introduced in one UK care home this year were reported to bring happiness and comfort to residents.

On the other hand, humanoid robots are already advanced enough to provide much-needed care for elderly people. These robots can pick things up and move independently, and have a more natural, human way of interacting (for example, using arm and hand gestures). More advanced versions have additional sensors and devices, including touchscreens. Many elderly people, finding the touchscreens hard to use, prefer giving spoken commands to the robot and reading its response off the screen. But for those with age-related hearing loss or vision impairment, having the option to use the touchscreen is indispensable. Humanoid robots are still being developed, so their capabilities are still limited. And studies of humanoid robots have mainly focused on evaluating how well the technology functions without really considering the social impact. There is also a general assumption that it will naturally reduce loneliness.

Though research into social robots is just beginning, we do know they can provide some solutions to the challenges mounted by ageing populations, and could even help reduce social isolation and loneliness. At this point, humans are still better at providing care and social contact to the elderly, but robots might be able to fill any gaps, especially as technologies continue to improve.

However, before social robots can be fully integrated into care homes, researchers and service providers must address public anxiety and make it clear that robots are designed to assist social workers, not replace them. As long as humans remain in full control to prevent any danger, robots might well be the future of care. *(879 words)*

Alessandro Di Nuovo: Robot carers could help lonely seniors – they're cheering humans up already, https://theconversation.com/robot-carers-could-help-lonely-seniors-theyre-cheering-humans-up-already-106181,

Annotation

l. 8: *prescient:* knowing about things before they happen

Read the ten statements and say whether they are true or false. Give quotations from the text to support your decision and also add the corresponding **line number(s)**. Make sure you **only quote the most relevant part(s)** of the sentence(s).

1 Science fiction dealing with almost human-like robots might show what will happen in the future.

2 In a poll a majority of people stated they would welcome a robot as an assistant if they were in a clinic or in need of support.

3 Elderly people may even die because they are lonely and suffer from a lack of human contact.

4 A disadvantage of MRTs is that senior patients might have difficulties handling the device that they use to communicate with other people.

5 Researchers have begun to work on AI robots which will not need a human operator at all.

6 Robots used as pets cannot replace real pets in nursing homes.

7 Robots can lift things up and help the elderly person to move autonomously.

8 Old people in general do not need to use touchscreens.

9 Robots will never manage to compensate for the lack of humans in elderly care.

10 Experts must reassure people that robots will not substitute humans in caregiving but merely support them.

TEIL III: PRODUCTION – WRITING 40 VP

Bearbeiten Sie Aufgabe 1 **und** Aufgabe 2.

Aufgabe 1: Text-based composition 6 VP Inhalt/9 VP Sprache

"Loneliness and social isolation are problems for many seniors, but studies have shown that help could come from social robots …" (ll. 1/2)
Explain the quotation in relation to the text and then summarize what the text says about doubts concerning the use of robots as carers.

Aufgabe 2: Composition 10 VP Inhalt/15 VP Sprache

Bearbeiten Sie **eine** der beiden folgenden Aufgaben:

2a Gun control is one of the most divisive issues in American society and politics and each mass shooting spurs debate in Congress over whether stricter gun regulation could reduce gun-related violence.
Discuss the pros and cons of introducing stricter gun control in the USA.

or

2b Discuss the positive and negative aspects of advertising for enterprises, consumers and the environment.

Lösungen

TEIL I: LISTENING COMPREHENSION

Transcript 1 Film reviews

Snippet/film 1: It's about, you know, Frank Sheeran, the, the main character, who is a real man and him looking back at his life of crime and it says so much, I think, about the futility of crime and just what happens when you are sort of the middleman doing everyone's dirty work and there is no one left to look after you at the end and your family has turned on you and, you know, you have just countless numbers of people's blood on your hands.

Snippet/film 2: I know it can also seem a little obvious in some ways, I felt it was beautiful to see it kind of work through in this meadow way in this film, which why using the racing world as its, as its subject, this really is, it seems to me, about the kind of very, very, working of the movie business now, especially when you deal with big studios.

Snippet/film 3: This is a movie that is made in South Korea, erm, and has had a level of impact that Korean films typically do not in the United States and in other countries and this is a movie that puts the haves and have-nots front and center, but in ways that are really subversive and that are not banal or kind of expected. I mean this is a really surprising movie. I think it's the best of a number of movies that have taken on class this year.

Snippet/film 4: I felt, this movie I had the most fun with it and did a lot with it. Because that's one of the central questions as one character wants to move to L.A. and the other has wanted to stay in New York, and so there is theater and there's TV and it's, you know, people put on sunglasses as soon as they are in L.A. and then the Brooklyn people all have, like, lattes. And this is an interesting way that it plays with that.

Snippet/film 5: But it's the rigorous understatement of the assistant that makes it so powerful in its vision of how easily the Harvey Weinsteins of the world could exploit their absolute authority for years with little fear of consequence. Moment by moment it pulls us into a world where predatory behavior is concealed behind closed doors and the silence of a hushed workplace becomes its own kind of complicity.

Snippet/film 6: "Judy" begins with one of several flashbacks to the teenage Garland on the set of "The Wizard of Oz" showing us how the industry created and destroyed her in the same breath. Her body and image are ruthlessly controlled by the powerful MGM studio head, Louis B. Mayer, who puts her on a strict diet and gives her barbiturates and amphetamines setting in motion the substance abuse problem that she will struggle with for the rest of her life.

TIPP

In this task you will hear short fragments or snippets of film reviews. These fragments have to be matched with the respective descriptions. In order to match the fragments and definitions correctly, it is essential for you to find signal words and know their synonyms. That is why you should learn word families or lexical fields with umbrella terms. This will enable you to find the necessary information fast.

- **1 – C:** There are some signal words in the description (C) which show you that the film is a biography and that it is about illegal activities: in the film review the name of the protagonist is mentioned (which may suggest a biographical film), but expressions like "life of crime" (l. 2), "futility of crime" (l. 3), "dirty work" (l. 4) and "people's blood on your hands" (ll. 5 f.) also indicate that the film is about illegal activities. That is why E and F cannot match as the definition is about more than corruption or drug abuse.
- **2 – G:** In the audio, "racing world" (l. 9) and "big studios" (l. 10 f.) are mentioned, which belong to the same word families as the terms "sports contest" and "film industry" in the description (G).
- **3 – A:** The synonyms here are "rich and poor" (in description A) and "haves and have-nots" in the audio fragment (l. 14).
- **4 – D:** Here you need to notice that the audio snippet is built as a comparison (see description): the speaker talks about "one character … and the other", "theatre … and TV", "people … in LA, and then the Brooklyn people" (ll. 19 ff.). There are also "stereotypical lifestyles" mentioned: "people put on sunglasses … in L.A." and "Brooklyn people all have, like, lattes" (ll. 21 f.).
- **5 – B:** General knowledge can be of help here: The audio names Harvey Weinstein, who exploited his position as a movie producer and was charged with sexual abuse, and the definition also mentions an "abuse of power". There are also synonyms for "abuse of power" and "its cover-up" in the audio: "exploit their absolute authority" (l. 24 f.) and "predatory behaviour", which is "concealed behind closed doors" (l. 26), as well as "silence" and "complicity" (l. 27). Note that "cover-up" is different from "corruption", which is why F is not an option here.
- **6 – E:** General knowledge can help you here too: the audio mentions the actress Judy Garland, who played Dorothy in the movie "The Wizard of Oz". This points to definition E, which refers to a "movie star". The term "drug addiction" in the definition corresponds to the mentioning of "barbiturates and amphetamines" in the audio (l. 31 f.) as well as "substance abuse problem" (l. 32).

Film review	1	2	3	4	5	6
Description	C	G	A	D	B	E

Transcript 2 The History of Jim Crow and Blackface

Jim Crow, you've no doubt heard this name before. It's a name that has stood for hate and for the laws, the Jim Crow laws, that made racial segregation in the South legal until the Civil Rights Movement in the 1960s. Now that ugly name has reemerged in the American vernacular thanks to the recent political scandals unfolding in Virginia, where both the governor and attorney general have admitted to wearing blackface in their past. "I took responsibility for content that appeared on my page in the Eastern Virginia Medical School yearbook. That was clearly racist and offensive".

So, what's the connection between Jim Crow and blackface? Well back in the 1830s, Jim Crow wasn't yet a symbol of inequality. He was a fictional character in minstrel shows who, to entertain his audiences, danced like a buffoon and spoke with an exaggerated imitation of Black slave vernacular. Intended to be comedic minstrel shows were first performed in New York with White actors who wore tattered clothing and used shoe polish to blacken their faces, according to the Smithsonian's National Museum of African American History and Culture. While society now considers donning blackface as clearly racist, according to historians, the practice, especially on stage, was celebrated by Whites in the South following the Civil War.

Who was behind Jim Crow? A man, a White man, named Thomas Dartmouth Rice. Rice was born in 1808 in New York. As a teenager he began travelling the country as an actor. According to a University of South Florida history of minstrel shows, Rice was a dancer and a singer who drew from his observations of Blacks in the South to create an extremely exaggerated and stereotypical Black buffoon. While he wasn't the first White comic to perform in blackface, Rice was the most popular of his time and as a result the character of Jim Crow spread, becoming a common stage persona. The big lips, the lack of education, the poor clothing, that's how Daryl Davis, a Black blues musician who has studied these shows described these minstrel characters in an interview.

It wasn't about trying to look Black, he said, but trying to look Black in a way that portrays Blacks negatively. Davis has long argued that context is key when judging the use of blackface; in the 1900s, for example, White artists such as Al Jolson painted their faces as they performed ragtime and blues music pioneered by African Americans. Davis credits Jolson with spreading Black music to White audiences and advocating for Black artists. In the internet age, social media has fueled furors over blackface.

"You get in trouble if you are a White person who puts on blackface for Halloween or a Black person who puts on whiteface for Halloween, like … when I was a kid that was okay as long as you were dressing up as a character." Last year, talk show host Megyn Kelly defended blackface on the air. Though Kelly was already struggling with poor ratings, the episode and the resulting fury led to her ouster.

"Breaking news about another high-ranking state-wide official who finds himself embroiled in a blackface photo controversy." Now here the country is again, talking about blackface, about minstrel shows, about Jim Crow.

based on: https://www.washingtonpost.com/history/2019/02/02/northams-ugly-yearbook-photo-racist-origins-blackface/

TIPP

Knowledge of American history and society is useful for you to be able to find the solutions fast. Before listening, also highlight signal words which may give you a hint as to where you can find the answers to the questions. These signal words are marked in bold below – in the tips the words and phrases they refer to are underlined.

1 "Jim Crow […] stood for hate […] the Jim Crow laws, that made racial segregation in the South legal […]" (ll. 1 f.); "symbol of inequality" (l. 9)
2 The signal words "reemerged" and "recent" can guide you here: "Now that ugly name has reemerged […] thanks to the recent political scandals […] where both the governor and attorney general have admitted to wearing blackface in their past" (ll. 3 ff.).
3 Here the signal word for "impersonation" can be "fictional character" (l. 9 f.): "He was a fictional character who, to entertain his audiences, …"
4 Here you can mention the following aspects: "[…] danced like a buffoon and spoke with an exaggerated imitation of Black slave vernacular" (ll. 10 f.); "[…] White actors who wore tattered clothing and used shoe polish to blacken their faces […]" (ll. 12 f.).
5 "[…] who drew from his observations of Blacks in the South to create an extremely exaggerated and stereotypical Black buffoon." (ll. 20 f.)
6 "[…] as a result the character of Jim Crow spread, becoming a common stage persona" (l. 23).
7 "Davis has long argued that context is key when judging the use of blackface" (ll. 28 f.).
8 "[…] White artists such as Al Jolson painted their faces as they performed ragtime and blues music pioneered by African Americans. Davis credits Jolson with spreading Black music to White audiences and advocating for Black artists" (ll. 29 ff.).
9 "[…] talk show host Megyn Kelly defended blackface on the air " (ll. 36 f.).

1 According to the speaker, what did the **Jim Crow laws embody**?	• hate • (legal racial) segregation/(symbol of) (racial) inequality
2 What has **recently** led to a **new** public discussion about Jim Crow?	two high-ranking officials admitted to wearing blackface in the past/scandal about White officials (in Virginia) having worn blackface
3 What was the purpose of the Jim Crow **impersonations** in the past?	to ridicule/denigrate Blacks for entertainment/ to entertain (White) audiences

4	What was **typical** of the Jim Crow stage performance? (Name two aspects.)	• buffoon-like dances / • speaking with an exaggerated black accent / • actors wearing tattered clothes / • whites using black shoe polish to appear Black
5	Where did Thomas D. Rice get his **inspiration** for the Jim Crow character from?	from his observations of Blacks (in the South)
6	What was the **consequence** of Rice's performance?	popularised the Jim Crow character/made Jim Crow a common stage persona
7	According to Daryl Davies, what does the **perception** of blackface depend on?	on the context/the time/the person's intention for wearing blackface
8	Which **positive example** of the use of blackface does Daryl Davies mention?	White artists tried to advocate Black musicians and their music
9	Which incident led to TV host **Megyn Kelly** losing her job?	she defended the use of blackface

Transcript 3 The Mindful Chef

If you're self-employed, you're in good company. The number of people in self-employment has been rising steadily since 2001. Natalie Donovan (ND) visited *The Mindful Chef*. It's an online recipe box delivery service and it's almost five years old and it's just been named "London & South East Start-up of the Year" in the Great British Entrepreneur Awards. Co-founder Giles Humphries (GH), now at the ripe old age of 33, told Natalie how it's been.

GH: Here's myself and two friends and we were working different industries, we always had ideas and throwing ideas round to each other, but basically, I think we all enjoyed our jobs, but we realised that you can, a lot easier than before, start your own business. Actually, the biggest thought was "What's the worst that could happen?"

ND: Did you feel like your, the jobs that you were doing, weren't going in the direction that you wanted to go, and that was why you decided to set back, or was it more that you had a passion about cooking and recipe boxes?

GH: I think it was two-fold really. One, we'd always had a bit of a passion to start something ourselves and we'd chat about a load of ideas over the years. And two, just looking at other friends, who had taken the plunge, taken their skills they'd honed over a few years in bigger businesses and using them to grow and develop their own businesses and I thought, hm, that's interesting cause you've got a lot more control over your lifestyle and your working hours. So, that's kind of what formed the initial ideas. And then we've, we've all got a real interest in health and wellness, all of us are sportsmen and we all, actually it was kind of a personal pain point, was coming home late, working long hours in a big company and then getting home and just being a bit too tired to think or plan and shop for the right stuff, even though we knew what we should eat.

ND: And how lang did it take you to come from the idea to actually quitting your job and setting up on your own?

GH: Probably about six months. We moved pretty quickly. It was in the summer of 2014, we were on a fishing boat, just helping out a friend actually, it was in the summer holidays, we had a week back down in Devon – we all grew up in Devon together. We saw the fish they were landing, and they were bringing back in and they'd text the local villagers and they said "We've got, you know codling etc." and the villagers'd come down and get this fresh fish. And we, the three of us, were just chatting and said: "This is amazing, this is just how a food chain should be". So this, that was one kind of lightbulb moment. And then the discussions developed from there and it was, erm, I quit my job pretty quickly, I was the first to go and it was December 2014.

ND: The business is UK-wide now. Did you know that when you started that that's what you were aiming for or did you start small?

GH: Best piece of advice, I always say is, "always start small". We had a hunch that maybe city goers would be keen on the products, but we purely did that because we were driving our own little *Del Boy Trotter* van round …

ND: So, you were delivering the boxes …

GH: So, we were delivering, yeah, we were going to the warehouse at 7 am, pack them till about 5 pm and then deliver. We'd be stuck in traffic coming back through London, Myles would be on the Instagram …

ND: … hoping you were getting a good review and a like.

GH: Yeah, yeah, yeah, going on review sites, seeing if we got any reviews, posting pictures. We started small but then we really quickly realised, once you've nailed that, you got it right, you've ironed out problems – and there were plenty of them – then you can grow slightly bigger, and when we got to that level, you know, we're now doing about, just shy of half a million ingredients through our warehouse every week but at the same time you have targets to hit and you are, you're trying to grow this business focusing on reaching quite large numbers of customers now, so, you definitely have more of a life, you know, we're not doing the packing every week-end, there's a huge team who do a phenomenal job, but the challenge is in different areas.

https://www.bbc.co.uk/sounds/play/p07xl6h5 (accessed on October 5, 2020)

TIPP

1 "[…] it's just been named 'London & South East Start-up of the Year' in the Great British Entrepreneur Awards" (l. 4 f.). The name of the prize and also the word "awards" give you hints here.

2 "[…] we always had ideas and throwing ideas round to each other (l. 7 f.)" "Throwing ideas round to each other" is like "playing with ideas" and leads you to "toying with ideas". Even if you do not know those expressions, you can find the similarity here.

3 "[…] you've got a lot more control over your lifestyle and your working hours." (l. 19 f.) Don't get confused by buzzwords such as "more satisfied in their job" but listen closely to what the new job would enable them to do.

4 "[…] personal pain point, was coming home late, working long hours in a big company and then getting home and just being a bit too tired to think or plan and shop for the right stuff, even though we knew what we should eat." (l. 22 ff.). "Coming home late" is repeated in the audio, which gives you the hint that you should now listen closely.

5 "[…] fish […] they were bringing back in and they'd text the local villagers" (l. 31 f.). The signal word "fish" should make you listen closely here: the expression "text the local villagers" indicates that the fishermen use modern media.

6 "[…] we were going to the warehouse at 7 am, pack them till about 5 pm and then deliver" (l. 44 f.). Listen closely – the word "pack" will give you a hint regarding the correct solution. Don't be distracted by buzzwords such as "traffic".

7 "[…] going on review sites, seeing if we got any reviews, posting pictures" (l. 48 f.). The phrase "posting pictures" indicates the correct solution. The mentioning of "Instagram" (l. 46) and getting reviews and likes (l. 47) also points towards social media rather than other forms of advertising.

8 "We started small but then we really quickly realised, once you've nailed that, you got it right, you've ironed out problems – and there were plenty of them – then you can grow slightly bigger […]" (l. 49 ff.).
The repetition of phrases that are used in the context of "tackling something" should be of help here.

1 *The Mindful Chef* is an online recipe box delivery service that has …
  c ☑ received a prestigious prize.

2 When the partners started their business, they …
  c ☑ had been toying with the idea for a while.

3 According to Giles Humphries, this new start would allow them to …
  d ☑ use their working time more flexibly.

4 Looking back, Humphries says that coming home late from work they …

c ☑ were too exhausted to go shopping.

5 In the summer of 2014, Humphries observed Devon fishermen …

d ☑ using modern media to sell their fish.

6 At the beginning of their business, Humphries and his co-founders …

a ☑ did the packaging themselves.

7 In their marketing strategy, they relied on …

b ☑ pictures shown on social media.

8 Success came after Humphries and his co-founders …

d ☑ tackled initial problems successfully.

TEIL II: RECEPTION – READING

10 VP

TIPP

- **Zu 1:** Science-Fiction, die von menschenähnlichen Robotern handelt, kann durchaus zukünftige Entwicklungen vorwegnehmen.
- **Zu 2:** Bei einer Umfrage fand eine Mehrheit Roboter zwar nützlich, aber nur 26 Prozent wollten einen Roboter zu ihrer Unterstützung im Krankenaus oder Pflegeheim.
- **Zu 3:** Einsamkeit und soziale Isolation können zu einer höheren Sterblichkeit bei älteren Menschen führen.
- **Zu 4:** Da die älteren Patentinnen und Patienten die Geräte eben nicht bedienen müssen, können sie ungehindert mit anderen kommunizieren.
- **Zu 5:** Es werden bereits Roboter mit künstlicher Intelligenz entwickelt, die selbstständig mit Menschen interagieren können.
- **Zu 6:** Auch wenn die Fähigkeiten von Haustier-Robotern noch begrenzt sind, können sie, ähnlich wie echte Tiere, bei älteren Menschen die Einsamkeit lindern.
- **Zu 7:** Im Text ist zwar die Rede davon, dass Roboter Dinge aufheben können, nicht aber, dass sie den Menschen dabei helfen, ohne fremde Hilfe zu laufen. Es wird nur erwähnt, dass die Roboter sich selbstständig bewegen können.
- **Zu 8:** Für ältere Menschen, insbesondere diejenigen mit vermindertem Hör- oder Sehvermögen, ist die Möglichkeit, Touchscreens zu verwenden, unverzichtbar.
- **Zu 9:** Es ist nicht ausgeschlossen, dass Roboter, besonders wenn die Technik weiter verbessert wird, in der Altenpflege in allen Bereichen Lücken füllen können.
- **Zu 10:** Forscher*innen und Dienstleister müssen den Menschen die Befürchtung nehmen, Roboter würden die Pflegekräfte ersetzen. Die Roboter sollen diese vielmehr unterstützen.

1 **true:** ll. 7/8: "This kind of science fiction may turn out to be remarkably prescient."

2 **false:** ll. 14–16: "only 26 per cent surveyed said they would be comfortable with a robot providing help and companionship for them if they were in hospital or care."

3 **true:** ll. 19/20: "Loneliness and social isolation are already problems for many seniors and are even linked to […] a higher death rate."

4 **false:** ll. 35–37: "The elderly patient doesn't need to operate the device, leaving them free to interact with their social workers or family."

5 **true:** ll. 44–46: "developers worldwide have started creating robot companions programmed with advanced artificial intelligence (AI), which can interact with people on their own."

6 **false:** ll. 49–51: "Though 'pet' robots offer limited interaction, they have proved as effective as […] real pets in reducing loneliness for elderly people in care homes."

7 **false:** ll. 54/55: "These robots can pick things up and move independently"

8 **false:** ll. 58–60: "But for those with age-related hearing loss or vision impairment, having the option to use the touchscreen was indispensable."

9 **false:** ll. 67/68: "but robots might be able to fill any gaps, especially as technologies continue to improve."

10 **true:** ll. 69–71: "researchers and service providers must address public anxiety and make it clear that robots are designed to assist social workers, not replace them."

TEIL III: PRODUCTION – WRITING

Aufgabe 1: Text-based composition

TIPP

The key points are:

- introduction (relation to the text):
  - various types of robots are presented which might help to cope with issues in ageing societies
  - autonomous robots may alleviate psychological or health challenges for senior citizens and assist nursing staff and relatives
- transition:
  - doubts about the use of robots as carers
- main part:
  - survey: only a minority would be comfortable with robots as carers
  - robots are unable to provide empathy or altruism
  - robots do not function completely on their own
  - capabilities still limited
- conclusion:
  - humans are still better than robots, but robots will play a more prominent role in care

In his article, the author presents various types of robots – some already in use, others still in development – which might help to cope with issues such as loneliness and social isolation with regard to senior citizens in care.
As a result of advances in medicine, for example, people are living longer today. Old age can lead to problems such as social isolation and loneliness (cf. l. 1), however, and when health deteriorates senior citizens often need to be looked after in care homes or taken to hospital. The author also points to the psychological consequences of old age. There is evidence that "loneliness and social isolation [...] are even linked to cognitive decline and a higher death rate" (l. 19 f.).
However, it is not all gloom and doom for elderly people; there is help in sight. There are examples given in the article of how "autonomous robots trained to interact and communicate with humans" (l. 2 f.) may alleviate or solve these challenges for the elderly. As nursing staff often do not have enough time to spend with senior citizens, social robots might be used to "allow relatives and social workers to 'visit' elderly people more often" (ll. 34 f.) – at least remotely via a computer screen. Other humanoid robots which "can pick things up and move independently" (l. 54 f.) can also assist senior citizens in their daily routine. Robots can provide not only help in the home, but also psychological support. UK homes, for example, introduced robotic dogs, which are said to have made residents happier and have made them feel more comfortable (cf. l. 51 f.).
On the other hand, however, the article also mentions people's doubts about the use of robots as carers.
There are still reservations about the use of robots in this field, as a survey shows (cf. ll. 13 ff.). Only a minority of people would be comfortable with robots as carers. When it comes to providing what elderly people really need, such as empathy, for example, there are concerns that robots might fail (cf. ll. 17 f.). In this respect they would not be able to replace a human being – a nurse, visitor or relative. Looking at a computer screen is not the same as looking into another person's face. Secondly, robots – like all machines – cannot function completely on their own. They have to be programmed and operated by humans (cf. l. 42). Now, researchers are only just beginning to develop fully functioning autonomous robots, and the capabilities of those which already exist are limited (cf. ll. 60 f.).
On the whole, humans are still indispensable when it comes to care. However, "robots might well be the future of care" (l. 72) in an ageing society, but automated machines should only be welcomed if "care benefits" outweigh "ethical costs" (cf. ll. 29 f.).

(471 words)

a **TIPP**

The key points are:

- introduction:
  - high murder rates and incidents of mass shootings in the USA
  - views of gun rights advocates and anti-gun groups are divided
- main part:
  advocates' arguments against stricter gun control:
  - more armed civilians would boost public safety
  - majority of legally armed citizens are responsible people
  - restrictive gun laws would not prevent crime
  - the Second Amendment permits the keeping and bearing of arms

  advocates' arguments for stricter gun control:
  - guns do not improve public safety, they generate more crime and violence
  - guns are too easily available
  - gun access should be made more difficult (stricter background checks)
  - the Second Amendment is outdated and no legitimation for guns
- conclusion:
  - introduction of "red flag law"
  - however, gun reforms not in sight because of the opposition of Republicans in Congress

The USA is one of the most heavily armed countries in the world. While many nations strictly limit gun ownership, gun control legislation in the USA is very liberal. As a result, murder rates in some major cities and mass shootings are on the rise. After every shooting a heated debate on stricter gun control starts, but, in the end, calls for restricting gun ownership go unheard. Why are the views of gun rights advocates and anti-gun groups on introducing stricter gun control so divided?

The pro-gun lobby groups, such as the National Rifle Association (NRA), oppose stricter gun control legislation. They argue that having more armed civilians helps boost public safety, making it more likely that "good guys" with guns will intercept "bad guys" with guns. In several US states, gun owners practise "open carry", which means they carry a weapon for everybody to see because they believe this to be the most effective means of self-defence. Even without being used, the handgun acts as a deterrent, they say, and helps to prevent crimes, as any attacker would be aware that his victim was not defenceless. In addition, pro-gun advocates claim that the vast majority of legally armed citizens are responsible people who know that guns are not toys and must be handled safely and that more restrictive gun laws would not prevent criminal acts. The traditional and most frequently used argument against stricter gun control has always been the reference to the country's Constitution. The Second Amendment (1791) includes the passage: "… the right of the people to keep and bear arms shall not be infringed". Pro-gun lobby groups, supported by gun manufacturers, have always quoted these words in their battle against attempts to enact gun control legislation.

Not all Americans subscribe to the view of free and unrestricted firearm ownership, however, and a growing number favour more restrictive gun legislation. Anti-gun violence groups maintain that the easy availability of firearms and lax licensing rules account for a large number of deaths and accidents associated with the use of guns. They dispute the argument of the gun rights lobby that guns improve public safety. On the contrary: research shows that guns do not help to prevent crime – more guns generate more violence, crime and murder. Consequently, in their view, gun access should be made more difficult. Background checks should be extended to screen out people who should not be trusted with a gun. In addition, gun licence applicants should have to pass a test and undergo training to make sure they know how to use a lethal weapon properly and responsibly. As to the Second Amendment, advocates of stricter gun laws argue that the right "to keep and bear arms" dates back to the days when the American nation was founded. In their view, the words "the right to … bear arms" were written to make sure that the young United States was able to defend itself when there was still no regular standing army or only a small one. As this is no longer relevant, the Second Amendment can no longer be interpreted as general permission for every individual American to own and carry arms.

One step towards less gun violence has been taken by several US states, which introduced "red flag laws" that give a court the power to remove firearms temporarily from people believed to be at high risk of harming themselves or others. Extensive legislation is still needed, however, but so far, several Democratic governments have failed to pass sensible gun reforms because of the opposition from Republicans in Congress. As things stand now, gun control remains a contentious issue in the cultural war which is tearing the United States apart. *(617 words)*

b **TIPP**

The key points are:

- introduction: advertising is everywhere
- main part:
  positive aspects:
  - for enterprises:
    can inform people about their goods and services,
    can use it to persuade people to buy their goods,
    advertising may boost sales and generate jobs,
    essential source of income,
    public relations
  - for consumers:
    can get useful information about products, can help with decision to purchase, may profit from cheaper prices through increased sales

- for the environment:
  a way to give information about a company's green policies: people may purchase more environmentally friendly products

  negative aspects:
- for enterprises:
  advertising is costly and can make goods more expensive,
  corporate sponsorship is very expensive: firms with a lower budget cannot compete
- for consumers:
  adverts can be misleading,
  product placement or concealed advertising is often hard to detect,
  makes people purchase goods they do not need or cannot afford,
  can create unrealistic beauty standards and provoke eating disorders
- for the environment:
  things are bought that are not really needed: adds to the waste problem,
  green advertising may deceive customers ("greenwashing")

– conclusion:
- it is difficult to evaluate the effectiveness of advertising
- there is hope that most consumers react to advertising wisely

Advertising is omnipresent: on the internet, on social media, on the radio and on TV, in newspapers and magazines, on trains, buses and the Underground – just about everywhere. Is advertising therefore a wasteful irritation or are there also positive sides to it?
First of all, advertising fulfils an important function for businesses. It informs people as to which goods and services are available and tries to persuade them to buy the goods. It also helps firms to boost sales and thus generates jobs – not only in the companies themselves but also in the advertising agencies which create the ads and commercials. For many branches of industry advertising is an essential source of income. The media, for example, still depend on advertising revenue to a great degree. Newspapers finance production costs and their writing staff by selling space for adverts, for instance. Television channels cover costs by selling time for commercials, which are broadcast in breaks during programmes. Advertising is also an integral part of a firm's public relations activities. Firms sponsor cultural or sporting events and professional sportsmen and sportswomen to reach a large number of consumers and boost the image of their company.
Consumers can profit from advertising in several ways as well. First of all, adverts can be sources of information about a product's quality, price, material and so on. Based on these particulars, consumers are able to compare the goods and decide which article or offer suits them best. As advertising helps firms to sell more, the increase in sales can bring down the price of a product, which is another advantage for consumers.
Since the rise in environmental awareness, the eco-quality of a product has also become an important selling point. Firms can use advertising to tell the public about their

green policies and efforts to protect the environment. Consumers can then choose accordingly and perhaps purchase a product which is environmentally friendly.

One of the arguments against advertising concerns the huge amount of money spent on it. Critics say advertising is costly and makes goods more expensive than they need to be. Cut the advertising, they demand, and reduce prices accordingly. One particularly expensive form of advertising is corporate sponsorship, which involves placing a commercial during the break of the TV coverage of the Super Bowl or becoming a sponsor of an Olympic event. Consequently, smaller firms with a lower budget are at a disadvantage because they cannot compete and afford the cost of advertising campaigns.

Another drawback of advertising is the fact that it is often very hard or even impossible for consumers to check whether an advert is honest or misleading. It is obvious that goods are often not promoted in an honest way. Product placement on TV shows and films or concealed advertising of "influencers" on social networking sites is often hard to detect. Furthermore, the aim of successful advertising is, by definition, to induce a desire to buy a product or accept an offer. So people may be tempted to purchase an article they do not really need or cannot afford and so accumulate debt. Another negative aspect of advertising is the frequent depiction of impossibly slim, fit and beautiful young people, which can make ordinary consumers feel inadequate, and encourage them to adopt unrealistic aspirations or develop eating disorders.

Advertising can also persuade people to buy useless and superfluous things which are discarded sooner or later. This further exacerbates the problem of waste disposal and management. Irresponsible firms may also deceive customers with adverts claiming that their products, aims and policies are environmentally friendly. The term "greenwashing" was coined to denote this misleading information, which influences customers to buy a product which is not in fact environmentally friendly.

It is difficult to evaluate the effectiveness of advertising because it is often hard to tell how well a product would have sold without advertising. However, there is hope that more and more people will become critical consumers and not respond blindly to the enticement of marketing. *(665 words)*

Baden-Württemberg ▪ Abiturprüfung 2022
Berufliches Gymnasium ▪ Englisch

Um Ihnen die Prüfung 2022 schnellstmöglich zur Verfügung stellen zu können, bringen wir sie in digitaler Form heraus.

Sobald die Original-Prüfungsaufgaben 2022 freigegeben sind, können sie als PDF auf der Plattform **MyStark** heruntergeladen werden (Zugangscode vgl. Farbseiten vorne im Buch).

Prüfung 2022

www.stark-verlag.de/mystark